U0137524

翰墨传奇

与
张伯驹
故宫国宝

荣宏君 著

河南文艺出版社
·郑州·

图书在版编目（CIP）数据

翰墨传奇：张伯驹与故宫国宝/荣宏君著. --郑州：河南文艺出版社，2023.4（2023.9 重印）

ISBN 978-7-5559-1447-1

Ⅰ.①翰… Ⅱ.①荣… Ⅲ.①书画艺术–收藏–中国–通俗读物 Ⅳ.①G262.1–49

中国版本图书馆 CIP 数据核字（2022）第 250801 号

| 策　　划 | 刘晨芳 |
| 责任编辑 | 刘晨芳 |
| 书籍设计 | 张　萌 |
| 责任校对 | 赵红宙 |

| 出版发行 | 河南文艺出版社 | 印　张 | 16.5 |
| 社　　址 | 郑州市郑东新区祥盛街 27 号 C 座 5 楼 | 字　数 | 236 000 |
| 承印单位 | 河南瑞之光印刷股份有限公司 | 版　次 | 2023 年 4 月第 1 版 |
| 经销单位 | 新华书店 | 印　次 | 2023 年 9 月第 2 次印刷 |
| 开　　本 | 700 毫米 × 1000 毫米　1/16 | 定　价 | 98.00 元 |

印厂地址　河南省武陟县产业集聚区东区（詹店镇）泰安路

邮政编码　454950　　电话　0371–63956290

代序

# 明月不堪思故人

史树青

1982 年 1 月 12 日,在人民大会堂二楼举行的中华书局成立七十周年纪念会上,我见到了张伯驹先生及其夫人潘素女士,他们当众挥毫,为纪念会题诗作画,笔致雅秀,情怀高洁,受到了一致称赞。2 月 28 日在《人民日报》上,又读到先生的诗词二首,才知道他已因病住院。其《鹧鸪天》词中云:"长希住此升平世,物我同春共万旬。"又《病居医院,怀大千兄》诗中云:"画图常看江山好,风物空见几月圆。"不禁低回往复,吟诵多时。对他热爱祖国、热爱生活、热爱社会主义老而弥笃的心情,不胜钦仰。

第二天星期一,本想进城就去医院看望他,却在进城的路上，遇到了石志廉同志，他告诉我说，张先生已于2月26日去世了。惊闻噩耗，悲痛不已。

张伯驹先生原籍河南项城，生前为中央文史研究馆馆员、中山书画社社长。曾任燕京大学中文系教授、吉林省博物馆副馆长等职。他是我国著名的书画鉴赏收藏家，琴棋书画，无一不通，作诗填词，为国内外所推重。著《丛碧书画录》《丛碧词》等书，词集经五次付印，得者宝之。近代历史掌故、戏曲文艺，亦先生之所长，已发表和未发表的论文、杂著，均待整理、编辑出版。

先生所藏书画，多得之新中国成立以前，在当年国宝大量被盗运外流的情况下，先生不惜罄其所有，甚至典质借贷，广事搜集，使许多价值连城的稀世之珍，得免流散。新中国成立后，先生慨然捐献国家。其中如著名的西晋陆机《平复帖》，隋展子虔《游春图》，唐李白《上阳台帖》、杜牧《张好好诗》，皆晋唐遗迹，人间仅存之品。今藏北京故宫博物院，供众观赏。捐赠中国历史博物馆的，有清初马雄镇《汇草辨疑》稿本四大册，为研究草书者知而未见之巨著，此书从无刻本，弥足珍贵。又有宋代整幅侧理纸，幅大面宽，呈卷筒形，这幅罕见古纸，流传将近千年，原状未改，为研究我国古代造纸术之重要文物。先生生前捐献文物甚多，仅举数例，聊见一斑。

先生曾以收藏陆机《平复帖》名所居曰"平复堂"，以展子虔《游春图》名其园曰"展春园"，以杜牧《张好好诗》自号"好好先生"，皆镌刻印章，用于书画，见者皆谓涵意深远，情趣盎然。

先生除诗词书画外，并以联语名重文坛。楹联属于骈文、律诗派生文体，字数整齐，音调和谐，短小精悍。加之用书法艺术形式表现，成为我国人民喜闻乐见的特有文学作品。当十年动乱后期，先生由长春返回北京，除整理旧稿外，尝以撰写楹联为日课，联语皆用藏头嵌字格，分赠知交好友，作为纪念。这种格式的对联，虽属文字游戏，但真正做到词意贴切，则非易事。先生自谓撰写联语近三百副，用力不少，而持赠友好，实为生平乐事。 1976年春，承先生惠赠一联：

树木新栽休斧伐；
青山长在有柴烧。

上下联首字嵌入我的名字，且见先生对植树造林、绿化祖国的志愿和胸襟，观者既叹对仗之工，又喜书法之美，无不交口赞誉。原拟在今春植树节为此联撰写小文，为宣传全民义务植树运动增添佳话，而先生竟先期逝世，这是使人意料不到的。为了寄托哀思，记述平日交往，我写了一副挽联，以志悼念：

> 书会忆追陪，不忍重看西晋帖；
> 春游成梦寐，何时更到北梅亭。

下联所写北梅亭，在北京西郊旸台山大觉寺，其地有辽代清水院碑，青松满院，红杏连山，为春游胜地。北方无梅，而杏花有"北梅"之称。亭为先生旧日与傅增湘、郭则沄、邢端诸老集资所建，昔年曾陪先生及其夫人潘素并常任侠、董绍明、石志廉诸同志旸台探杏，故联中及之。①

1982年3月于北京竹影书屋

① 原文为业师史树青先生所撰之《悼念张伯驹先生》，今化用伯驹先生诗句，易名为《明月不堪思故人》作为本书之序，谨以此文纪念张伯驹先生逝世40周年、史树青先生诞辰100周年。原文参见：史树青《悼念张伯驹先生》，北京：《光明日报》，1982年3月24日，第4版。

目　录

# 第一章　　信而好古张伯驹

成为青史留名的大收藏家，必须要具备四个方面的条件。文化修为、财富储备、情怀担当、因缘际会。民国四公子之一的张伯驹四者兼具，是收藏大家的天选之人。

文博大家史树青赞扬张伯驹的无私捐赠行为："民族英雄。"

故宫博物院前院长郑欣淼先生如是评价张伯驹：已成为国有博物馆的镇馆之宝，为中华民族所共享。先生无私奉献的精神，高山景行，千秋永志。

# 第二章　　张伯驹三求《平复帖》

康熙的御笔"丛碧山房"，是张伯驹进入收藏界后收藏到的第一幅书法作品，自此后，在"老师"康熙的引领下，张伯驹推开了中国传统书画收藏的大门，如果说"丛碧山房"开启了他无比传奇的收藏人生，那么收藏到《平复帖》，则奠定了他在民国时期书画收藏界大咖的地位。

# 第三章　　中华墨皇《平复帖》

西晋文学家、书法家陆机唯一存世的书法真迹《平复帖》，可谓国宝中的国宝，素有"百帖之祖"和"中华墨皇"的至高美誉。

收藏到此帖也因此给张伯驹带来了一场危机，甚至还差点引来杀身之祸！1941年，张伯驹在上海被匪徒绑架，显然对方是冲着《平复帖》来的。深陷魔窟的张伯驹叮嘱来探望的妻子潘素："宁死魔窟，决不许变卖家藏。"

# 第四章　丹青绝唱《游春图》

宋徽宗把他收藏的西晋陆机的《平复帖》与《游春图》并称为内府珍藏双璧。《游春图》的收藏或鉴赏者有长长的一串名字：南宋权相贾似道、元朝的鲁国大长公主、严嵩父子、安岐、乾隆皇帝、溥仪……

为了将这幅中国存世最早的山水画收藏到手，张伯驹被迫卖掉了自己最喜爱的一座豪宅"丛碧山房"，这个院子足足有十五亩，原是大太监李莲英的旧墅。

# 第五章　李白书赞上阳台

李白唯一传世的书法杰作，流传千古的书法绝唱——《上阳台帖》。曾被骨灰级的收藏家宋徽宗，南宋著名画家、收藏家赵孟坚，南宋权相贾似道，元朝高官张晏，明朝的项元汴，清代的梁清标和安岐等人收藏。安岐去世后，包括西晋陆机的《平复帖》、展子虔的《游春图》和李白的《上阳台帖》等多幅作品进入乾隆内府……

## 第六章　　杜牧情歌张好好

晚唐诗人杜牧唯一传世书法真迹《张好好诗》，还暗含了杜牧一段哀婉凄美的爱情故事。其收藏或鉴赏者众多，其中最有名的有宋徽宗、南宋权相贾似道、年羹尧、乾隆皇帝……这幅翰墨国宝历经九死一生而终得妥善保藏。

## 第七章　　道服清辉范仲淹

《道服赞》就是范仲淹为他的同年友人所制道服撰写的一篇赞文。乾隆皇帝曾就《道服赞》的流传史做过一段考证，《道服赞》被范氏子孙从山东益都收归范氏义庄所有，后来就长期珍藏在范氏义庄。

张大千求而未得，张伯驹重金买下。

# 第八章　　雪江归棹宋徽宗

《雪江归棹图》是宋徽宗唯一传世的山水画。北宋的蔡京、明代的董其昌曾题跋。张伯驹斥巨资收藏后考证，这幅画在流传的过程中竟还隐藏着一个天大的秘密——这幅山水画和明朝两位宰相级的人物严嵩和张居正，以及一出名剧《一捧雪》有着重要的牵连……

# 第九章　　红楼迷踪话脂砚

一块曾见证了《红楼梦》诞生的砚台"脂砚"，被张伯驹发现，当年在红学界引起了巨大轰动。

但经过短暂的现身，"脂砚"又神秘失踪，至今下落不明，成为当代中国红学史上一桩最为著名的悬案。

## 第十章　　书画焕彩因蔡襄

张伯驹本人也是一位书画兼修的大艺术家，他晚年写就的一笔轻盈飘逸的字体，被文化界尊称为鸟羽体。那么，这鸟羽体究竟是一种什么样的书法？这与张伯驹收藏的一件北宋著名书法家蔡襄的《自书诗帖》有着重大的关系。

## 附　录

## 参考书目

## 后　记

# 信而好古张伯驹

第一章

改革开放以来，随着中国经济的飞速发展、综合国力的不断提升，中国书画艺术品市场也呈现出空前的繁荣局面。中国书画在艺术市场上的成交价格也不断创出新高。比如，2015 年 4 月从日本回流到国内的一件王羲之的书法《平安帖》，拍卖成交价高达 3.08 亿元人民币。其实这件书法并不是王羲之的真迹，据考证，它是宋朝人用双钩填墨的方法临摹的一幅书法作品。由于流传年代久远，又最接近王羲之的书法风格，所以被国家文物局定为国家一级文物。这件书法尺寸有多大呢？纵 24.5 厘米，横 13.8 厘米，只比半张 A4 纸大一点点。这么小的一件书法作品却拍出了 3.08 亿元的高价，为什么这么值钱？在书画收藏市场，到底是什么因素来决定一件书画作品的经济价值和市场价格呢？影响一件书画作品的价格有多重因素，一般来说，主要可概括为三个方面：

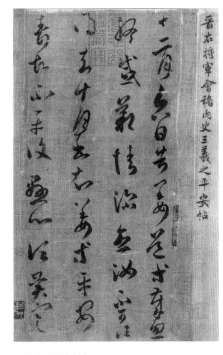

王羲之《平安帖》

　1. 艺术家的知名度。

　2. 艺术品的存世量。

　3. 艺术品的存世时间。

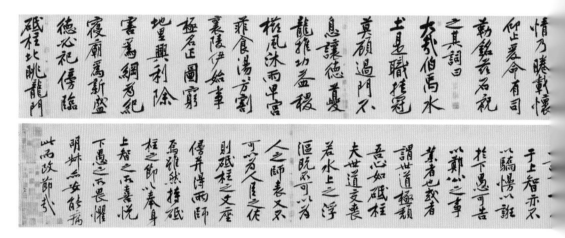

宋　黄庭坚《砥柱铭》局部

　　前两点都好理解，第三点是说，一件书画作品，从被艺术家创作完成的那一刻起就拥有了独立的生命，它的存世时间越长，价值就越高，这一点尤其是针对中国古代书画来说。比如，在 2010 年 6 月，一件北宋时期的书法作品，就以 4.368 亿元人民币的价格被收藏家珍藏。据统计，这件宋代的书法作品，目前还是中国书画成交价的世界最高纪录保持者。

　　这幅书法作品就是北宋的书法大家黄庭坚创作的《砥柱铭》。《砥柱铭》是唐朝第一名相、文学家魏徵所写的一篇文章，黄庭坚一生最为崇拜的政治人物就是魏徵。公元 1095 年前后，黄庭坚用行书创作了《砥柱铭》这件书法作品。那么，《砥柱铭》价值近 4.4 亿元，它是否就是黄庭坚传世作品中最有价值的呢？不是！黄庭坚还有艺术成就更高的书法作品传世。距今 900 多年前的一天，黄庭坚给朋友抄写了一幅高僧语录，后人称这幅书法作品为《诸上座帖》。"上座"来自古印度梵语，"诸上座"翻译成现代汉语就是各位高僧的意思。虽然黄庭坚传世作品众多，但唯有这件书法被后人评价为黄庭坚晚年草书的巅峰之作，它无论知名度还是艺术价值均在《砥柱铭》之上。如果今天要评选出一件黄庭坚的代表作，那就是《诸上座帖》。这么重要的一幅作品，现在又被保存在哪里呢？它今天被收藏在北京故宫博物院。2015 年，北京故宫博物院成立九十周年之际，故宫举办了一系列精彩展览，黄庭坚的《诸上座帖》隆重亮相。

　　通过仔细审读《诸上座帖》的文献题跋和收藏印章就会发现，此作品南宋时藏于宋高宗绍兴内府，后又被权相贾似道占有，明朝被大奸臣严嵩、严世蕃父子收藏，到了清代乾隆时期，《诸上座帖》进入内府，被乾隆皇帝拥有，所以画上盖有"乾隆御览之宝"的收藏印章。

后来又经嘉庆、宣统几朝流传，作品上还盖有"嘉庆御览之宝""宣统御览之宝"。在这件书法的卷尾，还有两方民国时期的私人收藏印章，那么，这两方印章盖的又是什么内容呢？

一枚是仿葫芦形印章，印的内容是"京兆"；另一枚是"张伯驹珍藏印"。这两方印章都是民国大收藏家张伯驹的私人收藏印，也是黄庭坚这件书法巨作上所钤盖的最后两枚私人收藏印章。

2015年故宫成立九十周年书画展，还有不少件国宝级书画作品，这些作品上也都钤盖有"京兆"和"张伯驹珍藏印"。那么，有的朋友可能就会问了，这些价值连城的国宝级书画不都是清宫内府旧藏吗？怎么又会成了张伯驹的私人藏品了？它们到底是什么时候、什么原因流落出了宫廷？又是怎么样重新回到故宫的？

其实，这些国宝级书画都是张伯驹在民国期间花重金收藏的，在20世纪五六十年代，他又陆续把这些国宝捐献给国家，捐赠给故宫博物院。下面就来解读经张伯驹收藏并最终捐献给故宫的书画文物，与大家共同分享这些国宝级书画背后的传奇经历。在解读这些国宝之前，我想，大家也肯定充满了好奇，张伯驹是谁呀？张伯驹到底是一个什么样的人物呢？他又是如何走上书画收藏之路的呢？

纵观古今中外，要想成为一个青史留名的大收藏家，必须要具备四个方面的条件：

京兆

张伯驹珍藏印

　·文化修为　·财富储备
　·情怀担当　·因缘际会

这四点可以说缺一不可，下面我们主要围绕这四个方面来分析一下张伯驹，按现在时髦的话说，就是看看这个收藏界的大V，到底是怎样炼成的。

## 一、文化修为

张伯驹，1898年2月12日出生于河南项城。张家祖上向来看重对子女的教育，尤其是到了张伯驹的祖父张瑞桢这一代，张家在项城已是非常有声望的读书人家了。张瑞桢是清代光绪时期的举人，他有两个儿子，大儿子叫张镇芳。张镇芳生于1863年，他自幼好读诗书，22岁参加乡试，高中解元，也就是举人第一名。29岁进京赶考，又中进士，然后就留在北京户部做官。张瑞桢的二儿子张锦芳也是秀才出身，曾任度支部郎中。张家一门都享有功名，可称得上真正的钟鸣鼎食之家。张锦芳生有三个儿子，长子就是张伯驹。

张镇芳虽然在官场春风得意，一路加官晋爵，但多年来，却有一件事给他带来了很大的困惑和遗憾，甚至有点说不出口，到底是件什么事呢？

原来，张镇芳有多名妻妾，育有两个子女，均早殇，所以，年过40，却膝下没有子女。大家知道，在宗法社会里讲究不孝有三，无后为大。怎么办呢？张镇芳的万贯家财不能没有人继承呀！于是，在族人的主持下，张锦芳就把自己的长子张伯驹过继给了大哥张镇芳。少年张伯驹也因为这次人生机缘，完全改变了自己的人生走向。

张镇芳特别喜欢这个过继过来的儿子，他把年仅7岁的张伯驹带到了自己做官的地方天津，给他专门聘请私塾老师重点培养。张伯驹聪明过人，读书过目不忘。他8岁上私塾，9岁就能作诗，被私塾先生称赞为神童，认为稍加培养，将来必成国家栋梁。光绪时期的进士、老翰林王新桢非常赞赏少年张伯驹的诗才，夸赞他：

> 英年挺出，直欲过前人。若《从军行》《天上谣》等作，激昂慷慨，魄力沉雄，有倚天拔地之慨。
>
> ——王新桢《丽泽社诸家诗·序》

遗憾的是，张伯驹的这些诗作没能流传下来，但王新桢的这段评语至少从侧面向我们证明了少年张伯驹在诗词创作上的潜能。

辛亥革命爆发的这一年，14岁的张伯驹又进入新学书院接受新式教育，他除了学习国文、数学等一些规定课程外，还熟读了《楚辞》《宋元名家词》。20岁后又通读《二十四史》《资治通鉴》，据说一本《古文观止》更是倒背如流，这为他一生爱好诗词、古文、文物打下了坚实的基础。

少年张伯驹得到了极好的国学教育，尤其是在诗词创作上取得了很大的成就，日后张伯驹曾这样概括总结自己的诗词创作心得：

> 写词不过是心灵之所托，随其自然，有感而发，与天地为友，以风月为家。

张伯驹文思敏捷，典章制度烂熟于心，不论出游还是茶余饭后，诗词佳作往往是脱口而出。他的诗词取材广泛，交友唱酬、感怀人生、忧国忧民、春花秋月，都能用诗词表达出来，而且妙趣天成，情深意笃。

张伯驹9岁开始写诗，一直到去世前的一天，他躺在病床上，还给远在台湾的好友、著名画家张大千写诗、填词各一首，他在诗中写道：

> 别后瞬经四十年，沧波急注换桑田。
> 画图常看江山好，风物空过岁月圆。
> 一病翻知思往事，余情未可了前缘。
> 还期早息阋墙梦，莫负人生大自然。

《清词选》

通过这首诗可以了解，张伯驹在生命的最后阶段放不下的依然是家国情怀，希望台湾和大陆消除障碍，能早一天完成国家统一。

张伯驹诗词创作时间延续70余年不间断，一生写诗填词数千首，数量之多，实属罕见。他著有《丛碧词》《春游词》《秦游词》《雾中词》《无名词》《续断词》等词集。张伯驹除了诗词创作之外，还精于诗词理论。他早年写成了两万多字的《丛碧词话》,还与黄君坦合作编选了《清词选》等著作，这些书直到今天依然被诗词界看重。

在这里介绍张伯驹在诗词、文化上取得的成就，主要是想说明，他是一个合格的传统文人。但是要想成为一个大收藏家，除了有一定的文化储备以外，还必须拥有相当多的财富，简单地说就是必须有钱。

## 二、财富储备

大家知道，书画文物收藏是需要大量的财富做基础的，张伯驹开始收藏书画的时候才 30 岁，那么这个年轻人怎么会拥有这么多财富呢？我们前面介绍过，张伯驹出生于一个钟鸣鼎食之家，他的父亲张镇芳就是民国时期著名的盐业银行负责人。

说到张家的发达，就不得不说到盐业银行。1915 年，盐业银行在北京成立，由曾经长期担任长芦盐运使的张镇芳出任总经理。张镇芳十分擅长理财，很快就把盐业银行办得红红火火。后来，盐业银行由官办改为商办，张镇芳就占有大部分股份，成了盐业银行的大股东。民国期间，中国银行界有著名的北四行，分别是金城银行、中南银行、大陆银行和盐业银行。这四行是当时享誉全国的中资银行，其中以盐业银行的资金最为雄厚，业务面最为宽广。大家可以想象，盐业银行这个提款机，是张伯驹后来能够大批收藏和抢救珍贵书画的重要保障。

成为收藏家，光有文化和财富就行了吗？我们可以肯定地说，这还不够，因为在清末民初时期，比张伯驹富有的还大有人在，那么为什么独独张伯驹成了青史留名的收藏大家了呢？因为张伯驹除了醇厚的文化修养和足够多的财富储备之外，他还拥有一种热爱生活、信而好古的情怀。

## 三、情怀担当

情怀这个词看起来有些抽象，但也不难理解，就是说一个人的一生除了衣食住行之外，他在生活中还应该有一些有趣的爱好，还应该对生活充满情趣，这样这个人才活得不呆板，活得有意思。

在生活中，张伯驹就是这样一个有情怀的人。张伯驹多才多艺，除书画收藏以外，他还爱好诗词、琴棋、戏曲，尤其在京剧艺术上也取得了很大成就。他从 7 岁就开始看戏，看的第一出戏就是杨小楼的《金钱豹》。杨小楼是京剧武生泰斗，在民国期间，享有"国剧宗师"的美誉。

张伯驹不但爱看戏，还喜欢粉墨登场，后来成为余叔岩余派的重要传人和戏曲理论家。余叔岩是京剧老生泰斗，他出身于梨园世家，他的祖父是有京剧祖师爷之称的余三胜。余三胜是湖北罗田人，是清道光年间四大徽班之一"春台班"的台柱子。徽班进京后，余三胜就留在了北京，他确定了京剧"湖广音"和"中州韵"，被尊为现代京剧的"定调"人，可以说是当仁不让的京剧界祖师爷一级的人物。余叔岩自幼受家庭熏陶，13 岁在天津登台就一炮走红，被戏迷称为"小小余三胜"。余叔岩文武昆乱不挡，在京剧老生艺术上取得了非常高的成就。清末民初期间，可以说，上到皇亲贵胄，下到市井百姓都是他的粉丝。当时，他还与梅兰芳、杨小楼并称京剧界的"三大贤"。

杨小楼

余叔岩

余三胜

　　余叔岩因身体多病，极少收徒，一生只收了孟小冬和李少春等几个入室弟子。孟小冬是活跃在民国期间的著名京剧女老生，人送雅号"冬皇"。在生活中，孟小冬也是一个传奇式人物，她与梅兰芳有过一段婚姻，后来又嫁给上海滩青帮帮主杜月笙。李少春在京剧界号称"李神仙"，他文武全才、生旦净末丑样样精通，他还创立了著名的京剧老生流派——李派。与孟小冬和李少春相比，张伯驹只是一个票友，那么他又是通过什么渠道跟余叔岩学戏？他又怎么会成为余派艺术的重要传人的呢？

　　原来，这余叔岩除了唱戏之外，还醉心金石书画，非常喜欢和文化人交往。张伯驹倾慕余派唱腔，余叔岩也喜欢张伯驹这样有文化的读书人，二人志趣相投，成为相交一生的好友。张伯驹跟随余叔岩学戏，余叔岩是毫无保留、倾囊相授。余叔岩也借用张伯驹的文笔，把一些京剧演唱心得总结出来，比如二人曾合作编写了《近代剧韵》一书，这本书系统总结了京剧演唱中的吐字发音规律，是京剧从业者必读之书。我们说张伯驹和余叔岩关系好、关系铁，还有没有具体表现呢？当然有啊，下面就讲一件"伟大的《空城计》"的故事。

　　1937年春，张伯驹40岁生日，他准备举办一场京剧堂会给自己祝寿，当时正遇上河南老家旱灾，张伯驹临时决定把堂会改为赈灾义演。义演的剧目定为《空城计》，张伯驹出演诸葛亮，杨小楼、王凤卿等京剧名伶助演，尤其是体弱多病已离开舞台的余叔岩，答应出演配角王平，这是令戏迷们万万没有想到的。余派粉丝都知道，余叔岩是京剧界比较有个性的人，即使在身体好的时候，一般的堂会也极少参加。比如1931年6月，上海滩青帮帮主杜月笙家族杜氏祠堂落成，当时杜月笙已是上海滩黑白两道的风云人物，在大上海，可以说他的手没有伸不到的地方。杜家祠堂落成典礼时，就连蒋介石都亲送匾额"孝思不匮"祝贺，淞沪警备司令熊式辉、上海市长张群等国民党要人也都送了贺礼。当时，杜月笙盛邀京沪两地京剧名角唱堂会，只有余叔岩是再三邀请也不答应。杜月笙恼羞成怒，让人给余叔岩带话，也可以说是最后通牒，杜月笙是怎么说的呢？

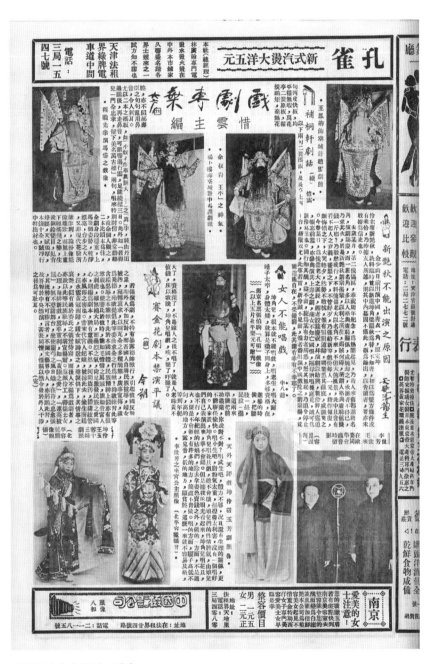

《空城计》中张伯驹扮诸葛亮

　　如不去，此生休想再到上海滩。

　　在当时，这句话对一个京剧演员来说是非常残酷的，为什么这样说呢？因为在民国期间梨园行有"北平享名，上海挣钱"的说法。也就是说，一个京剧演员必须在北京唱出名堂，然后再到十里洋场的大上海去挣钱。当时，上海滩的戏园子可以说全部在杜月笙的掌管之下，所以这句话的分量就不言而喻了。

　　那么，余叔岩是怎么回话的呢？他掷地有声地说：

　　　　宁此生不到上海，也不去杜家演戏。
　　　　　　　　　　——张伯驹《红毹纪梦诗注》

　　果然，直到1943年，余叔岩在北京病逝，也再没有去过上海，京沪两地的戏迷都为余叔岩不畏强权的个性折服！

　　张伯驹的这场义演史无前例，余叔岩、杨小楼和王凤卿三大员同台演出，在今天可以看作世界三大男高音同台竞艺的演唱会。当时来说不仅轰动北京城，而且轰动了全国。演出当天人山人海，盛况空前，被票友盛赞为"伟大的《空城计》"。

　　张伯驹对京剧界的贡献还有他筹集基金，与余叔岩、梅兰芳等人在虎坊桥成立"北平国剧协会"。他在晚年又写成了《红毹纪梦诗注》一书，被著名的剧作家吴祖光称赞为"一部京剧史"。

《空城计》中张伯驹扮演诸葛亮

梅葆玖先生

梅葆玖也曾高度评价张伯驹：

> 在近代历史上没有张伯驹等人的
> 建树和努力，就没有当代京剧的辉煌。

张伯驹喜爱京剧、琴棋书画，骨子里散淡清逸，生活中更是一副名士做派，过着闲云野鹤式的生活。他不赌博、不抽烟、不喝酒，穿着随意，饮食也很简单。他虽然出身官宦，却丝毫不讲派头。张伯驹晚年在他的日记里曾详细叙述自己的生活：

> 我喜欢填词、聚餐、猜诗谜、打诗
> 钟，春日看杏花，夏日赏荷，中秋玩月，
> 重阳登高赏菊看红叶，除夕守岁或公园
> 茶话，或郊外游览，或集会联吟。

其实，有关张伯驹的人生方向，父亲张镇芳早就给他规划了一条从军从政的康庄大道。张伯驹18岁进入军界，在军界和政坛摸爬滚打了十几年，这使他彻底看清了军阀们的真实面目：他们手握重兵，割据一方，为了自己的地盘，不惜刀兵相见，根本不顾百姓的死活。而北洋政府的总统更是走马灯一样地更换，唯一不换的是政客们贪婪自私的本性。少年张伯驹也曾有过上马杀贼、驰骋沙场的宏愿，但现实彻底碾碎了他的理想。1926年，张伯驹马上就要30岁了。我们常说"三十而立"，张伯驹也开始重

新思考和规划自己的人生。30 岁生日那天，他填了《八声甘州》词一阕，以明心志：

> 几兴亡无羔旧河山，残棋一枰收。负陌头柳色，秦关百二，悔觅封侯。前事都随逝水，明月怯登楼。甚五陵年少，骏马貂裘。
>
> 玉管珠弦欢罢，春来人自瘦，未减风流。问当年张绪，绿鬓可长留。更江南、落花肠断，望连天、烽火遍中州。休惆怅、有华筵在，仗酒销愁。

这首词明确地表达了张伯驹"悔觅封侯"的政治选择，面对着战火连天的家园，自己身为军人，却束手无策，更不用说解人民于倒悬了！词中用典"张绪"，张绪是南朝人物，生得面容俊美，风流儒雅。张绪个性豪放旷达，一生清淡，从不看重钱财，有钱就散去。张伯驹骨子里就想成为张绪这样的人物。

于是，他不顾家人的反对，下定决心退出军界，远离政坛，彻底投身中国传统文化研究。正是张伯驹在 30 岁上的这次华丽转身，使中国文化史和书画收藏史上又增添了一个光辉夺目的名字。

从以上文化、财富和情怀三个方面，我们大致了解了，张伯驹已经具备成为收藏家的基本条件。但是书画文物是特殊的物品，它具有唯一性和不可再生性，如果没有合适的机缘，没有珍贵书画文物出现，无论你多么有文化，多么有情怀，多么有财富，你也不可能收藏得到。也就是说，要想成为收藏家，还需要机缘。那么张伯驹又是如何与这些国宝不期而遇的呢？

## 四、因缘际会

要想了解张伯驹在书画收藏方面的机遇，还要先来简单介绍一下中国的文物书画收藏历史。中国至少在商朝和周朝的时候，就有了土室收藏上古文物的记录。至于书画的收藏历史，因为纸张产生的年代问题，肯定要晚很多年。据有史可查的资料，中国书画早在汉代就已经发展得非常成熟了，那么相应的书画收藏活动至少在汉代已经开始。只不过，经过两千多年的历史更迭，尤其是历经战乱和水火之灾后，大量的书画珍品都被无情地损毁了，能够流传到今天的书画作品已是凤毛麟角。但每一次文物劫难之后，流散在外的书画作品又给新的收藏家提供了机会，张伯驹也正是在清末民初的皇宫内府书画大流散中，收藏并抢救了大批国宝。说到清代内府的书画收藏，在这里还有必要简单梳理一下元、明、清三朝书画递藏和流散的历史。

元朝统治时间很短，皇帝又不太注重文化，内府也不是特别看重书画艺术。明朝的几代皇帝也都不太喜欢书画，和元朝相比，明内府收藏不见任何起色。甚至到了嘉靖一朝，因为对蒙古用兵，为筹备军饷，竟然将内府的珍藏出卖给豪强富商。到了万历时期，国库进一步空虚，有一段时间，大臣们的工资都发不出来了，皇帝不能老打白条呀！便将内府收藏的书画折算成白银，用来抵发大臣们的俸禄。

1644 年，清朝入关。康熙帝玄烨自幼就接受汉文化教育，十分喜爱书画艺术。在皇帝的影响下，朝廷上下艺术氛围浓厚，内府收藏也逐渐丰富起来。尤其是到了乾隆时期，内府书画收藏活动更是达到了空前的繁盛，乾隆皇帝是一位超级书画发烧友。据说，当时民间流传的历代书画珍宝，绝大部分都收归了清宫内府。乾隆皇帝还亲自主持编修了大型书画收藏鉴赏类丛书《石渠宝笈初编》和《石渠宝笈续编》。后来嘉庆帝继承了父亲的收藏，并继续对内府书画进行整理，编成《石渠宝笈三编》。

1860 年和 1900 年，西方帝国主义两次入侵，抢劫火烧圆明园和清漪园（后更名为颐和园），大批的书画珍宝被英法联军和八国联军劫掠一空。今天藏在大英博物馆的东晋顾恺之的《女史箴图》就是 1900 年被英国侵略者抢走的。

1911 年，辛亥革命推翻了清王朝。根据民国政府的《清室优待条件》，清朝废

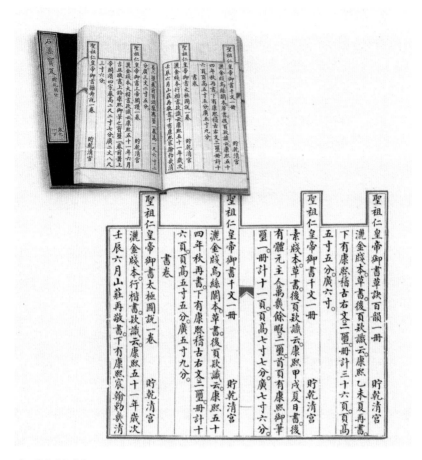

《石渠宝笈初编》

帝溥仪此后十几年间依然住在皇宫，在这期间他利用各种名目，偷偷地将大批珍贵书画文物盗运出宫，从此国宝沉沦，流散全世界。

张伯驹是一个拥有极深的爱国情怀的人，他以文化传承为己任，面对国宝流失，不惜花费重金，甚至变卖家产来保护我们共同的民族文化遗产。正是他的义举，使许多国宝得以保存，这也使张伯驹一跃而成为民国时期首屈一指的大收藏家。

张伯驹坚守自己的誓言，新中国成立后将所有的收藏陆续捐献给了国家，捐赠给故宫博物院。

张伯驹捐赠给故宫博物院的书画，从品质上说是故宫书画收藏中的上上品，也可以毫不夸张地说，他的捐赠占据了故宫书画收藏的半壁江山，这些捐赠至今仍然是故宫博物院的镇院之宝。对于张伯驹的无私捐献，后人给予了高度评价。当代的著名学者启功这样评价张伯驹：

前无古人，后无来者。天下民间收藏第一人。

文博大家史树青更是赞扬张伯驹的无私捐赠行为，称赞他为"民族英雄"。

故宫博物院前院长郑欣淼在《化私为公，足资楷式》中高度评价张伯驹，说他捐献的文物：

已成为国有博物馆的镇馆之宝，为中华民族所共享。先生无私奉献的精神，高山景行，千秋永志。

为什么这么多专家学者都对张伯驹做出如此高的评价呢？张伯驹到底又收藏了哪些国宝级书画？他又是如何收藏到这些书画国宝的呢？这些国宝级书画背后又有哪些传奇的故事呢？

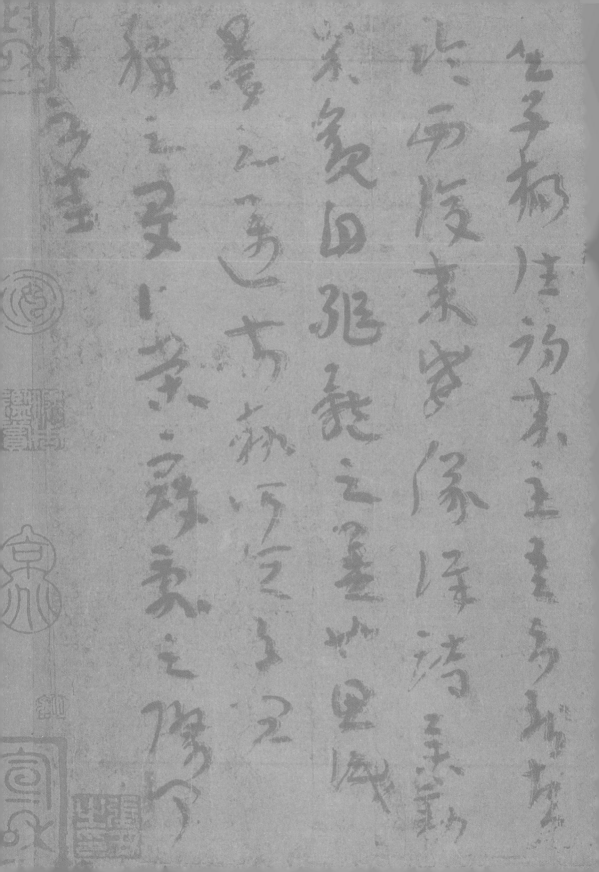

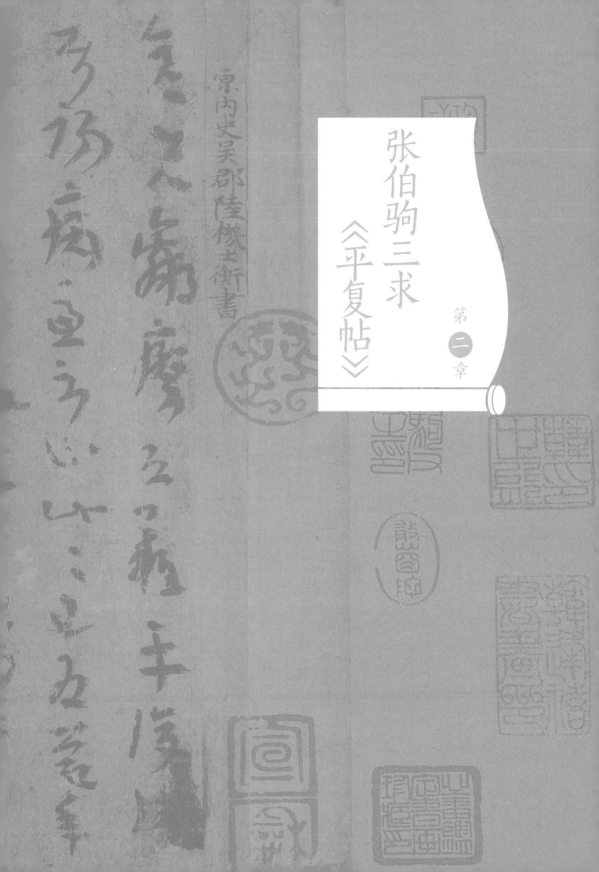

张伯驹三求
《平复帖》

第二章

### 一、丛碧传奇

1927 年，30 岁的张伯驹决心远离政坛，全身心投入中国传统文化的研究中去。也就是从这一年起，张伯驹开始了中国古代书画的收藏。众所周知，自古以来，一个人要想进入一个新的领域，要想学到某个方面的技能，少不了要得到老师的帮助和指导，唐朝的韩愈早在一千多年前就说过："古之学者必有师。师者，所以传道授业解惑也。"

那么，张伯驹进入文物书画收藏界是否也有老师呢？

张伯驹的老师在历史上可以说是鼎鼎大名！他就是一代帝王康熙。可能说到这里，有的朋友认为这是在搞穿越，制造噱头。康熙生于 1654 年，生活在大清盛世，而张伯驹生于 1898 年，当时已是风雨飘摇的晚清。两人相差整整 244 岁，他们从没有见面的机会，怎么又会成了"师生"关系呢？

说二人为"师生"关系，这还要从张伯驹收藏的第一件古代书法作品谈起。

1927 年的一天，张伯驹到琉璃厂闲逛，琉璃厂就位于今天的北京和平门外，是著名的文物书画一条街。说起琉璃厂的得名，那可有好几百年的历史了。早在元朝的时候，这里还是郊区，官府就在这里开设了官窑琉璃厂，专门为皇宫烧制琉璃瓦。明朝嘉靖时期增修外城后，这一带就变成了热闹的市区了。琉璃厂也就迁到了

琉璃厂

现在的门头沟区。虽然官窑迁走了，但"琉璃厂"这个名字却一直沿用了下来。清朝初年，北京城实行满汉分城居住。很多汉族官员就住在琉璃厂附近，各地的驻京会馆也都建在这里，进京述职的官员和赶考的举子也多聚集在琉璃厂一带。文化人多了，那么笔墨纸砚、图书典籍、古玩字画的需求也自然增多，内城的很多书店、古玩铺子也就顺势搬到了这里。尤其是乾隆年间修《四库全书》，全国众多的文化学者汇聚于此地，琉璃厂书画古玩一条街也最终形成。

　　1927 年的一天，张伯驹随意走进琉璃厂的一家书画店。刚进门，就看到这家店铺迎面的墙上挂着一件书法作品，书法是用唐代楷书大家柳公权书体所写的四个大字："丛碧山房"。那么这件书法作品的作者是谁呢？张伯驹仔细审读这幅书法的落款，竟然是康熙皇帝。博闻多识的张伯驹知道，清代康熙年间有一个名儒叫庞垲，他的书房的名字就叫"丛碧山房"，这件书法作品应当就是康熙皇帝御笔赐题。

康熙帝读书像

张伯驹在丛碧山房

庞垲，河北任丘人，康熙十四年（1675）中举人。后来，到福建建宁做知府。他为官清正，政绩卓著，民望很高。庞垲在福建的政绩也得到了康熙皇帝的赞赏，一次庞垲晋京述职，康熙帝就亲笔给他题写了"丛碧山房"的匾额以资褒奖。没想到，这件墨宝，竟然穿越了200多年的时光隧道，与张伯驹在琉璃厂不期而遇。于是他就毫不犹豫地买下了这幅书法。张伯驹得到"丛碧山房"后，是越看越喜欢，他当时居住的北京皇城根弓弦胡同一号的四合院，是一个15亩地的大宅子，院子里种满了芭蕉、竹子和各种花木，放眼望去满院碧绿，所以他就把住所改称为"丛碧山房"，自己也从此以"丛碧"为号。

康熙的御笔"丛碧山房"，是张伯驹进入收藏界后收藏到的第一幅书法作品。自从得到这幅书法作品开始，也可以说在"老师"康熙的引领下，张伯驹逐渐推开了中国传统书画收藏的大门，也开启了他无比精彩和传奇的收藏人生。

1936年10月，清朝最后一个恭亲王溥伟贫困交加，猝死于伪满洲国首府长春的一个旅馆。为了给落魄的大哥筹办丧事，身在北京的溥伟二弟、著名画家溥儒，被迫将家藏的唐朝韩幹的名画《照夜白图》，以1万块大洋卖给了上海的古董商人叶叔重。当时，张伯驹正在上海打理盐业银行业务，他突然听到这个消息，焦急万分！因为上海的这位叶叔重可不是一般的古董人，他是当时著名的国际文物贩子卢芹斋在国内的代理商。卢芹斋曾经把唐太宗李世民皇陵的昭陵六骏中的"飒露紫"和"拳毛䯄"两块浮雕，于民国初年盗卖到美国。卢芹斋一生走私出卖到国外的中国文物不计其数，有一种说法，清末到新中国成立流失到海外的中国古董，约有一半是经过卢芹斋之手盗卖出去的。张伯驹一想到这些情况更是忧心如焚！《照夜白图》这件国宝级的画作到了他们手里会有好下场吗？他们为图暴利，必定会把画卖到国外。当时，冯玉祥的部下宋哲元正担任平津卫戍司令兼北平市长，所以张伯驹立即给宋哲元拍了一封加急电报，请他务必阻止国宝外流。那么，《照夜白图》究竟是一件什么样的画作，为什么能引起大收藏家张伯驹如此的关注？

要了解《照夜白图》这幅名作，还要从大唐王朝说起。唐玄宗时期，曾将公主远嫁给西域大宛国王，大宛国就是今天的乌兹别克斯坦一带。为表示效忠大唐，国王特别向玄宗敬献了两匹大宛产的"汗血宝马"。唐玄宗很是喜爱这两匹骏马，亲自命名为"玉花骢"和"照夜白"。其中，骏马"照夜白"还曾陪同唐玄宗度过安史之乱，可以说是患难见真情，"照夜白"更为唐玄宗喜爱。为了把这匹宝马的英姿永远保留下来，玄宗就命令当时的大画家韩幹为"照夜白"画像。在唐朝，有两位以画马著称的画家，一位是曹霸，另外一位就是韩幹。韩幹是曹霸的亲传弟子。诗圣杜甫还曾在《丹青引赠曹将军霸》一诗中提到二人的师徒关系：

弟子韩幹早入室，亦能画马穷殊相。

韩幹出身草根，学画非常刻苦，他还曾得到大诗人、画家王维的资助，十年磨一剑，终成一代画马大师。对于韩幹的画马技法，杜甫也在《画马赞》中有诗句赞扬：

韩幹画马，毫端有神。

韩幹费尽心血用独特的水墨白描的方式，完成了传世名作《照夜白图》。《照夜白图》画宽 30.8 厘米、长 33.5 厘米，也就是不到现在的一平尺大。但就是这么小的一张画，从一诞生就成为传世名作，后来变成历代收藏家争相搜求的国宝。比如它曾被著名的南唐皇帝李后主李煜收藏，李后主还在画的右上角题下"韩幹画照夜白"六字。清朝乾隆时期，《照夜白图》进入内府。乾隆皇帝也十分喜欢这件画马杰作，亲自把它收录到《石渠宝笈续编》一书中，还先后在画作上留下至少五段很长的题跋，并盖上"乾隆御览之宝"等多枚收藏玉玺。后来，嘉庆帝把《照夜白图》颁赐给了成亲王永瑆。清朝末年，《照夜白图》又传到恭亲王府溥伟、溥儒兄弟手中，最终这件国宝从恭王府又流落出来。

张伯驹拍给宋哲元的电报根本没能阻止这笔交易，《照夜白图》最终还是被叶叔重买走，并迅速转售给英国人戴维德。关于《照夜白图》的流失，还有一个说法，溥儒把《照夜白图》卖给了胡社社长金城之子金开藩，金开藩后来委托文物贩子白坚甫，把《照夜白图》转卖给了日本的收藏家河井仙郎，河井很快又把《照夜白图》①转卖给了英国人戴维德。

《照夜白图》从此离开祖国，开始了数十年的颠沛流离，直到 1977 年，被美国大都会博物馆永远收藏。从此《照夜白图》漂泊天涯，怕再也没有回归的那一天了。

眼看着国宝《照夜白图》外流，而自己又束手无策，这让以传承文化为己任的张伯驹痛心不已！但溥儒家里收藏的另外一件国宝级书法作品，更是让张伯驹牵肠挂

① 经核对手卷《照夜白图》，其上确钤盖有金城鉴赏印章两枚："巩伯平生真赏""吴兴金城鉴定宋元真迹之印"，并钤有其子金开藩鉴赏印"金荫湖藏""金开藩珍藏书画之印"两枚。

肚，如果这件国宝再流落海外的话，必将是中华文化之殇。那么张伯驹惦记的到底又是一件什么样的书法作品呢？民国时期的书画收藏界都知道，北京恭王府藏有两件皇宫旧藏的国宝级书画作品，一件是卖给英国人的唐朝韩幹的《照夜白图》，另一件就是西晋文学家、书法家陆机唯一存世的书法真迹《平复帖》。《平复帖》可是国宝中的国宝，所以张伯驹决定无论花多大代价都要把《平复帖》收藏到手，保存在国内。于是张伯驹就开始了不惜人力物力的艰难追求之路。至今在收藏界还流传着张伯驹"三求《平复帖》"的故事。故事的时间需要向前回溯——

## 二、好梦难圆

1935 年 6 月下旬，湖北省遭遇特大水灾，灾民多达 700 余万人。为救济灾区，北京书画界组织了一场赈灾义展，所得门票收入全部捐赠湖北灾区。当时溥儒就将家藏的《平复帖》奉献出来参展，这可是《平复帖》诞生 1700 多年来第一次公开面向大众，所以在文化界、书画收藏界引起巨大的轰动，可谓观者如云。张伯驹也就是在这次赈灾义展上，第一次看到了传说中的《平复帖》。当后来得知溥儒家藏的《照夜白图》已经卖给英国人戴维德后，张伯驹立刻就担心起了《平复帖》的安危，有了前车之鉴，绝不能再让这件国宝流落海外了。应该怎么办呢？由于张伯驹本人不方便直接找溥儒洽谈，所以就需要找一位溥儒的熟人向他说明自己的想法。于是，张伯驹想起了琉璃厂悦古斋的少掌柜韩博文。悦古斋是民国时期琉璃厂赫赫有名的书画古玩店，老掌柜韩德盛眼力好，又善于经营，他曾经因为抢救著名的"8000麻袋大内档案"而声名鹊起。这"8000 麻袋大内档案"又是怎么回事呢？民国初年，北洋政府准备筹办历史博物馆，就把清宫大内的档案调拨出来作为博物馆的基本藏品。当时，政府财政收入极度不稳定，1921 年，教育部为了发工资，竟然将这批大清档案装了 8000 麻袋，当作废纸给卖了。悦古斋老掌柜韩德盛得到消息，

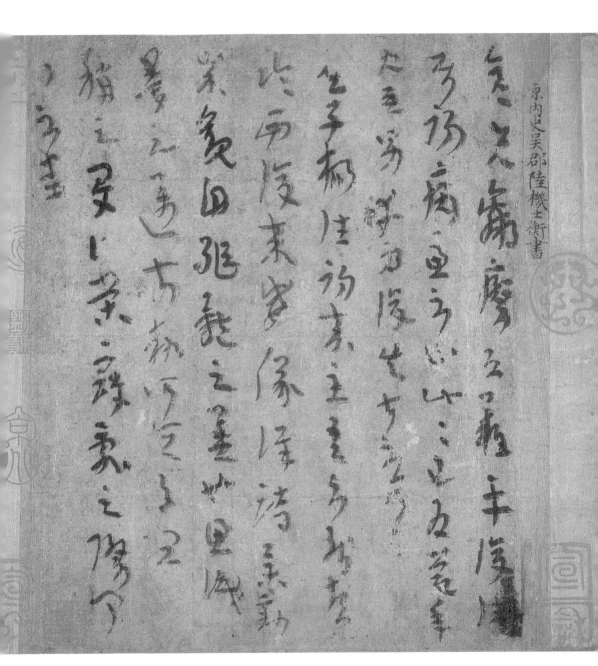

西晋 陆机《平复帖》

设法将档案从废品站买了下来，才使这批珍贵的文化遗产躲过了化为纸浆的厄运。当时众多著名学者也都参与到了这件事中，比如民国教育总长傅增湘，大学者罗振玉、王国维，著名作家鲁迅等人也参与其中。后来鲁迅甚至还专门写过一篇《谈所谓"大内档案"》的文章。悦古斋老板韩德盛因为抢救"8000麻袋大内档案"而名利双收，当时的清朝废帝溥仪还特别赐给他一个有名无实的五品顶戴。从此悦古斋名声大震，许多文人、学者、画家都成了店中的常客，在这种情况下，喜欢画画的悦古斋少掌柜韩博文也与恭王府溥儒建立了良好的关系。

溥儒

韩博文接受张伯驹的委托，专门来到恭王府拜访溥儒，他给溥儒说明了张伯驹收藏《平复帖》的意愿，希望溥儒能够出让。并委婉地表示，如果不愿意出手，需要用钱的话可以将《平复帖》抵押到盐业银行，但最好不要让这件国宝再流失海外了。

当时溥儒并不缺钱，他微微一笑答道：我现在不需要钱，如要相让，就20万大洋。20万大洋在当年到底是个什么样的购买力呢？我们就按当时的房价来折算一下。大家知道，民国时期，鲁迅曾在北京阜成门里西三条胡同买了一个三开间的四合院，这个地方也就是今天的北京鲁迅博物馆所在地。这个院子共六间瓦房，鲁迅一共花费800大洋。20万大洋，在当时可以买这样的小四合院250套。再说，1921年，恭亲王溥伟为筹措复辟清廷的经费，把恭王府抵押出去的价格也只有8万大洋。张伯驹一听这个价格就明白了，溥儒开了一个天

东晋 王献之《鸭头丸帖》，叶恭绰旧藏

价，就是根本不想出手《平复帖》，也只好作罢。

　　1937 年，叶恭绰在上海举办"上海文献展览会"。叶恭绰，广东番禺人，曾任北洋政府交通总长、南京国民政府铁道部长，是民国时期的要人，也是重要的文物收藏大家。他曾藏有著名的青铜重器西周毛公鼎、东晋大书法家王献之的《鸭头丸帖》，新中国成立后他还担任中央文史馆副馆长、北京中国画院院长等职务。张伯驹应邀出席了这次展览会，在展会上他遇到了好友、国画大家张大千。张伯驹知道张大千和同为画家的溥儒是至交好友。张大千，四川内江人，是中国画坛的一代宗师。说到绘画，在这里还有必要再重新介绍一下溥儒。溥儒，字心畬，又号西山逸士。1896 年生于北京，爱新觉罗皇族，他是清朝道光皇帝的曾孙，恭亲王奕訢的孙子，末代皇帝溥仪的堂兄。清朝灭亡后，自称"旧王孙"。溥儒有兄弟四人，他排行老二，大哥溥伟承袭了爵位，溥伟也是清朝最后一个恭亲王。溥儒早年留学德国柏林大学，据说获得过天文和生物双博士学位。他幼承家学，精通经史和书画，回国后以绘画为业，并很快成为民国时期京派绘画的代表人物。张大千和溥儒相识于 1926 年，两人可以说都是画界少见的丹青妙手，英雄惺惺相惜，在当时的中国画坛享有"南张北溥"的美誉。

张伯驹听说张大千马上要去北京，就把想收藏《平复帖》的心事告诉了张大千，拜托他再与溥儒协商，表示自己愿意出 6 万大洋收藏《平复帖》。过了一段时间，张大千从北京回话，溥儒依然开价 20 万大洋。

### 三、平复无恙

1938 年 1 月 28 日，是农历丁丑年的腊月二十七，张伯驹从天津回北京过年，在火车上巧遇了民国前教育总长、大藏书家傅增湘。也正是这次巧遇，使张伯驹收藏《平复帖》的愿望最终得以实现。先来介绍一下藏书家傅增湘。

徐悲鸿绘傅增湘像

傅增湘，1872 出生于四川，字沅叔，曾当过民国教育总长。他当教育总长的时候，还曾领导过一个大师级的著名作家，就是"横眉冷对千夫指，俯首甘为孺子牛"的鲁迅。当时鲁迅担任教育部佥事，就相当于现在的一个处级干部。

另外，傅增湘还是中国艺术界少有的伯乐，他慧眼识才，发现并培养了当代文化艺术界两位顶尖级的大师。一位是国画大师徐悲鸿，1920 年，正是在傅增湘的帮助下，徐悲鸿得到去法国公费留学的名额。徐悲鸿学成归国后，还专门给傅增湘画肖像一幅以表示感激之情。另一位大师，就是当代著名学者、书画家、文物鉴定家启功。当年正是傅增湘把启功推荐给了辅仁大学校长、历史学家陈垣，在陈垣的教导下，启功由一个普通中学生最终成长为一代国学大师。傅增湘政务之余喜爱收藏古书，他是民国时期著名的藏书家，在目录学和版本学研究方面，堪称一代大家。因为与张伯驹有着共同的爱好，二人成了无话不说的忘年好友。

两人在火车上刚刚坐定，傅增湘就告诉了张伯驹一个惊人的消息：溥儒的母亲项夫人刚刚去世，正在筹钱为亡母办丧事，准备出售《平复帖》。说到这里，大家可能会问，溥儒不是一年前刚刚出让了韩幹的《照夜白图》吗？怎么又要变卖藏品？再说，清朝虽然灭亡了，但瘦死的骆驼比马大，恭王府怎么也不至于到了靠变卖家产度日的光景吧？

本来这恭亲王是清朝的铁帽子王，世袭罔替，家底是非常丰厚的。据说，民国初年，恭王府除了字画古玩和金银珠宝之外，光房产土地就价值 200 多万两白银。但是清朝灭亡后，溥伟不甘愿接受现实，他逆势而行，妄想复辟清廷，为了筹备活动经费，1912 年，溥伟将恭王府除书画之外的全部珍藏，约一千多件历代玉器、瓷器、青铜器全部卖给了日本山中商会。后来，溥伟和二弟溥儒相继又把恭王府府邸和后花园卖给了辅仁大学。虽然溥儒当时已是北京画坛的大佬级人物，另外他还在国立北平艺专任教，领取一份薪水，但旧王府依然保留着骄奢淫逸的贵族习气，家里仍然是仆人众多，还养着一辆汽车，这些开销仅凭着溥儒的一支画笔是远远不够的。所以急需用钱的时候，就不得不变卖家中的收藏。据统计，从清朝末年一直到 1937 年，恭王府陆续不断地大量变卖家藏的历代珍贵书画。那么都有哪些重要的收藏被变卖呢？我们简单列举几件国宝级书画作品：

宋　赵佶《五色鹦鹉图》

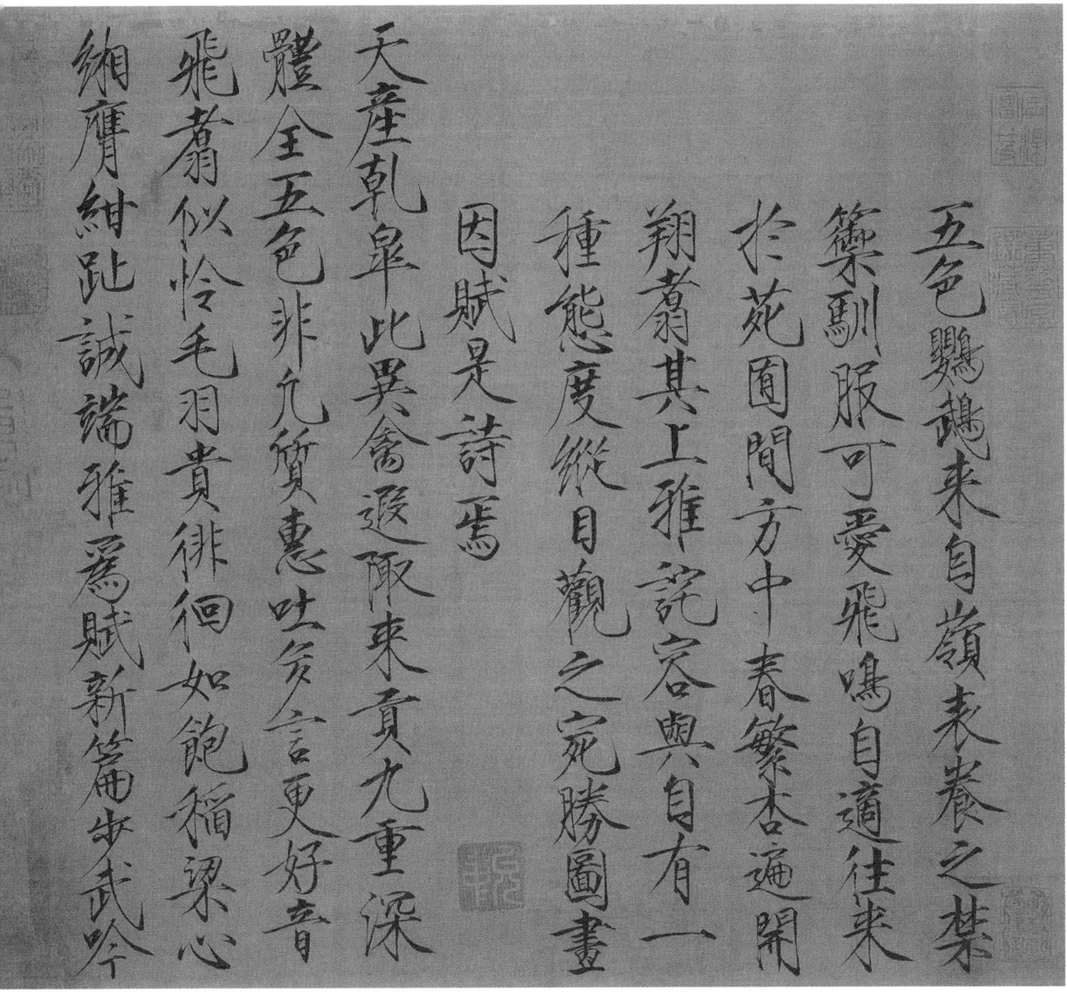

五色鸚鵡来自嶺表養之禁

篽馴服可愛飛鳴自適往来

扵苑囿間方中春繁杏遍開

翔翥其上雅诧容與自有一

種態度縱目觀之宛勝圖畫

因賦是詩焉

天產乾臯此異禽逺陬来貢九重深

體全五色非凡質惠吐多言更好音

飛鳴似怜毛羽貴徘徊如飽稻粱心

縟膺紺趾誠端雅為賦新篇步武吟

　　东晋王羲之的《游目帖》

　　唐颜真卿的《自书告身帖》（现藏日本书道博物馆）

　　唐韩干的《照夜白图》（现藏美国大都会博物馆）

　　唐怀素的《苦笋帖》（现藏上海博物馆）

　　宋易元吉的《聚猿图》（现藏日本大阪市立美术馆）

　　宋徽宗赵佶的《五色鹦鹉图》（现藏美国波士顿美术馆）

　　以上这6件古书画均是我国顶尖级的国宝文物，今天，除了唐朝怀素的《苦笋帖》被收藏在上海博物馆以外，其他5件国宝均在20世纪初相继流落海外，回归几无可能。但其中最最令人痛心的，是东晋王羲之的《游目帖》流入日本后，在1945年的原子弹大爆炸中永远地化为了灰烬。

　　通过上面的介绍可以了解到，正是由于溥伟意图复辟清廷的瞎折腾，导致恭王府的负担越来越重，经济状况日益拮据。养活这么一大家子，又没什么进项，溥儒有时急等钱用，怎么办？也只好变卖祖产了。台湾作家王家诚在《溥心畬传》中描写过溥儒变卖祖产的情况。

　　　　他（溥心畬）除了把所珍藏的古书古画出让抵押，甚至慈禧

　　太后头上戴的、赏给乃祖的一颗祖母绿宝石，他都托学生在上海、

　　香港一带，物色买主。

　　溥儒14岁丧父，此后与母亲项氏相依为命，可谓母子情深！当时七七事变已经爆发，北京沦陷，社会秩序混乱，各大银行业务终止，但溥儒对母亲至孝，是出了名的大孝子，以他的性格，项夫人的丧事必须办得有排场。那么坐吃山空的恭王府在这个时候也只有出让稀世珍宝《平复帖》，来换取治丧经费这一条路了。

　　张伯驹在火车上听到溥儒要变卖《平复帖》的情况后，对傅增湘说：溥心畬以

前不肯出让《平复帖》给我，他要价可高达 20 万大洋。

傅增湘说：现在不一样了，溥儒是一个非常重孝道的人，母亲的丧事他要办得风风光光，手中无钱，银行也取不出钱来，也只好贱卖《平复帖》。

张伯驹略一思考，面色凝重地说道：这不是有点乘人之危吗？要不他可以把《平复帖》抵押在我这里，我先借给他 1 万块办丧事。

傅增湘说：你确定收藏，我去跟心畬谈。另外，白坚甫你认识，他可是专做日本人书画生意的掮客，他已经知道了这件事，还要委托我找心畬协商购买。我也是担心国宝外流呀！你几次三番求购《平复帖》，不也是为了使这件宝贝留在国内吗？

这个书画掮客白坚甫，张伯驹是早就认识了，他早年曾留学日本，曾把很多国宝级的书画文物介绍卖给日本人。听到白坚甫这个名字，张伯驹就开始有些担心了，毅然点头说道：傅老，那这件事全拜托您了！

回到北京的第二天，傅增湘就给张伯驹回话说：溥心畬开价 4 万大洋，他的意思不用抵押了，4 万大洋买断。于是，张伯驹马上拍板，就以 4 万大洋的价格彻底买下了《平复帖》。得到了日思夜想的国宝《平复帖》，张伯驹一连多日闭门研读宝帖，兴奋之余就把自己的书房命名为"平复堂"，他还专门请人刻了"平复堂"的印章。当时北京已被日本人占领，国难当头，前程未卜，张伯驹也有用"平复"二字来祈愿国家、民族平安，国宝《平复帖》平安之意。

张伯驹除了亲自题写跋文以外，还前后在手卷上盖了 7 枚印章，足见他的欣喜

之情。

　　这 7 枚印章分别是：张伯驹父珍藏之印、京兆、张伯驹珍藏印、丛碧主人、张伯驹印、平复堂印、伯驹。

　　在这 7 方印章中，"张伯驹父珍藏之印"需要做一下解释。这个"父"在这里读"甫"音，可不是父亲的意思，在古代表示青年美男子，多用于人名，比如唐代大诗圣杜甫等。

　　溥心畬转让《平复帖》给张伯驹的事，很快就传到书画掮客白坚甫的耳朵里。白坚甫直接找到张伯驹，明确表示有日本人想购买此帖，愿意出 5 倍的价格，也就是 20 万大洋。白坚甫坚信面对如此巨大的利润，张伯驹肯定会放手，但让他万万没有想到的是，张伯驹不但断然拒绝，而且还对他说：黄金易得，国宝无二。我买它们不是为卖钱，是怕它们流到外国。

　　张伯驹得到《平复帖》的消息也很快传遍了整个南北文化圈，在那种国破家亡的特殊气氛里，收藏界都为国宝《平复帖》没有流落海外而暗暗庆幸。

　　文化老人傅增湘，也为国宝《平复帖》找到了最好的归宿而心情舒畅，他提笔作文，为《平复帖》写下了 1300 多字的题跋。他在跋中的这段话，代表了绝大多数国人的心声。傅增湘说：

　　　　余深惧绝代奇迹，仓卒之间所托非人，或远投海外流落不归，尤堪嗟惜。乃走告张君伯驹，慨掷巨金易此宝翰。……嗟乎，黄金易得，绝品难求。余不仅为伯驹赓得宝之歌，且喜此秘帖幸归雅流，为尤足贺也。

　　溥儒为母尽孝，忍痛出让《平复帖》，张伯驹则为国护宝，锲而不舍，这也给《平复帖》的千年流传史平添了一份温情。当然，收藏到《平复帖》，也迅速奠定了张伯驹在民国时期书画收藏界的大咖地位。

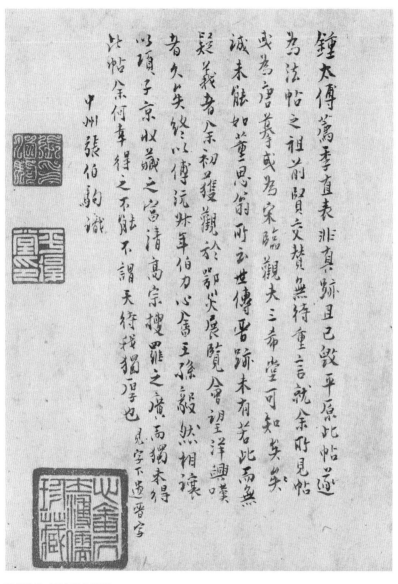

钟太傅荐季直表非真迹且已毁平原此帖遂

为法帖之祖前贤亦已赞无待重言就余所见帖

或为唐摹或为宋临观夫三希堂可知矣矣

诚未能如董思翁所云世传晋迹未有若此而无

疑矣我朝八余初又获观于鄂尔灾展览会望洋兴叹

者久矣终以传沅炑年伯力心盦王孙毅然相让

以项子京收藏之富清高宗揽罗之广而独未得

此帖余何幸得之不能不谓天符我独得也

中州张伯驹识

见字下逸晋字

张伯驹为《平复帖》题跋

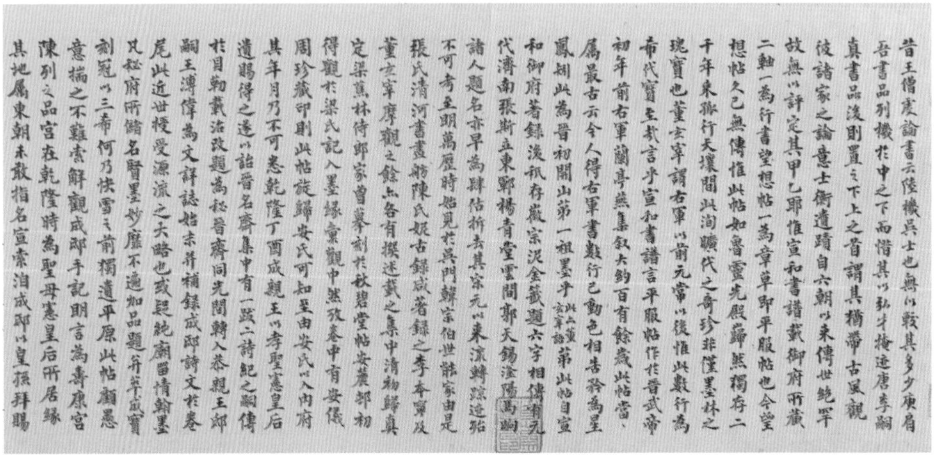

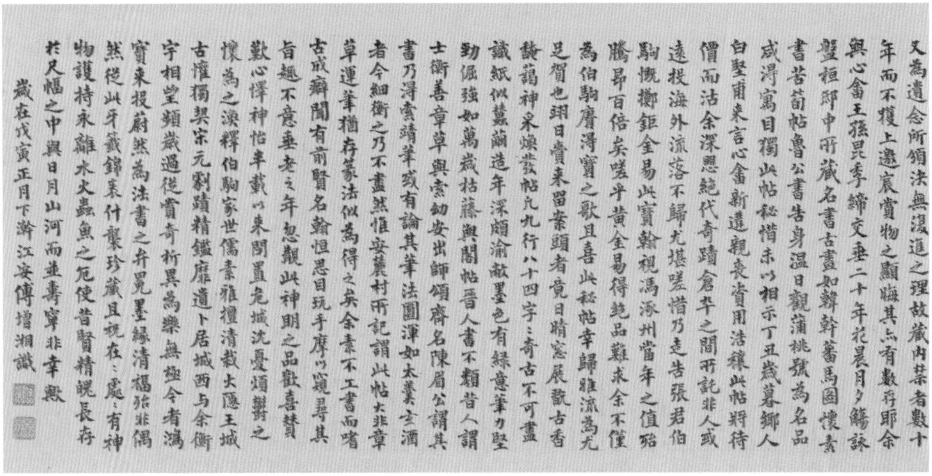

傅增湘为《平复帖》题跋

# 中华墨皇 《平复帖》

第三章

晉陸

籖及

內府

賜成哲王王受而寶之名其齋曰詒晉且為題記頗詳惜未書

草書如篆榴多不可識有瘦金

跋其後不知何時入於

之卷中令陸有董氏一跋紫宣和書譜收陸士衡書惟坐想

帖與此帖而已在當時已屬希有況右軍以前之書傳至今日

其寶重為何如耶 偉所藏晉唐以來名蹟百二十種以此帖為最

謹以錫晉名齋用誌古懽且深惜諸跋佚去使考古者無所證

乃補書 詒晉諸題於後俾資鑒定時宣統庚戌夏日

恭親王溥偉識

《平复帖》究竟是一件什么样的书法作品？它到底珍贵在何处？下面就从三个方面来介绍这件国宝。


## 一、千古传奇

　　我国书画界早就有"纸寿千年"的说法，是说中国书画专用纸宣纸有易于保存的特点，只要保存得当，那么宣纸的寿命可延续 1000 年左右。但是大家知道吗？这件《平复帖》却诞生在西晋初年，距今天已有 1700 多年的历史。

　　关于这件书法作品的流传信息，最早可以追溯到唐朝末年，当时曾被收藏家殷浩珍藏。殷浩的收藏印盖在字帖左下方，靠近边缘，和张伯驹所盖的"京兆"葫芦印章相邻，现在仅存"殷"字的上半边和"浩"字的右半边，因为年代久远，颜色已经非常暗淡，只有在光线好的情况下才能隐隐约约看到。另外，卷首题写的"□□（晋平）原内史吴郡陆机士衡书"这个题签，就是唐朝留下的。北宋时期，《平复帖》被宋仁宗的驸马李玮收藏，据北宋书法家、鉴赏家米芾的《书史》考证，驸马李玮藏有"晋贤十四帖"，包括西晋名士张华、竹林七贤的王戎和陆机等 14 人的书法作品，米芾所提到的陆机的书法就是《平复帖》，可惜的是其他 13 件墨迹后来全部失传了。李玮以后，《平复帖》又传到中国历史上一个最为著名的书画皇帝宋徽宗赵佶手上。宋徽宗当皇帝期间，他的书画收藏和书画创作均达到了空前的水准。他还在宣和年间，主持编成了《宣和书谱》和《宣和画谱》。这是中国书画收藏史上，第一部由皇帝亲自主持编写的大型书画收藏目录类图书。宋徽宗对这件 800 多年前的书法名作爱不释手，准备把它收入《宣和书谱》，但陆机的这件书法一直还没有正式的名字，宋徽宗看到书法中有"恐难平复"四个字，就用泥金亲笔题写了"晋陆机平复帖"六个瘦金体书法。直到今天，这几个字依然保存在《平复帖》卷首，宋徽宗也就成了第一个为它正式命名《平复帖》的人。徽宗还在题字下方盖上双龙玉玺，在帖上又加盖了两枚"政和"和两枚"宣和"印章。1126 年，靖康之难爆发，北宋灭亡，宋徽宗内府收藏书画被抢劫一空，《平复帖》也下落不明。

元朝的时候，《平复帖》流落到民间，但当时归谁收藏已无法考证了。

政和印

《平复帖》再次出现在人们的视野中，已是 300 多年后的明朝万历年间，《平复帖》被收藏家韩世能珍藏。韩世能，隆庆二年（1568）进士。他擅长鉴赏书画，名动一时，当时的书画鉴赏家董其昌就是他的门生。所以董其昌在卷上也留下了两段重要题跋。

崇祯元年 (1628)，收藏家张丑从韩家买到《平复帖》。张丑是明代重要的书画收藏家，著有《清河书画舫》12 卷。

进入清朝，《平复帖》辗转传到了大收藏家安岐的手里。安岐，字仪周，号麓村，他原来是朝鲜族人，后来入旗籍。安岐把《平复帖》收入他的著作《墨缘汇观》一书中。

安岐著《墨缘汇观》

乾隆的时候《平复帖》从安岐家流出，进入清内府。乾隆统治时期，文治武功，清王朝发展到鼎盛阶段。乾隆除了当皇帝优秀以外，他还是历史上少见的一位超级艺术发烧友。他是继宋徽宗后对传统书画艺术的收藏和保护做出重大贡献的皇帝。乾隆内府收藏宏富，是北宋之后内府书画收藏的又一个高峰。乾隆众多的藏品包括《平复帖》都是通过什么渠道得来的呢？

据考证，主要有以下几个来源：

乾隆跋《富春山居图》

第一，继承了康熙和雍正的内府收藏。康熙帝时期，大臣索额图、明珠被抄家，他们的收藏品被罚没充公。雍正的时候，大将军年羹尧被抄家，家藏书画也全部收归内府所有。

第二，每逢乾隆大寿，官员们争相进奉珍贵书画作为贺礼。

第三，乾隆皇帝自己出钱收购。比如《平复帖》就是从安岐家里购买的，关于购买安岐家藏书画这件事，乾隆曾在《富春山居图》题跋中这样说：

> 丙寅冬，安氏家中落，将出所藏古人旧迹，求售于人，持《富春山居卷》并羲之《袁生帖》、苏轼二赋、韩幹画马、米元晖《潇湘》等图共若干种以示傅恒。……恒举以告朕，……概以二千金留之。

丙寅年即1746年，安岐去世，他的藏品经当时的总管内务大臣傅恒之手卖给了乾隆帝，而《平复帖》就包含在这一批书画中。

《平复帖》进入清宫不久，正遇到乾隆的生母皇太后钮祜禄氏六十寿辰，乾隆朝以孝治天下，他本人也是一个大孝子，《平复帖》因为"平复"这两个字有平安吉祥的意思，所以乾隆就把《平复帖》作为寿礼进献给皇太后。

在清代，书坛上有"翁、刘、成、铁"四大家，翁是指翁方纲，刘就是刘墉，铁是指铁保，"成"就是指乾隆皇帝的第十一子成亲王永瑆。乾隆四十二年（1777年）皇太后钮祜禄氏去世，《平复帖》等一批书画作为"遗赐"，赏给皇孙永瑆作为永久纪念。

对于《平复帖》被乾隆收藏的这段经历，一向有人表示怀疑。众所周知，乾隆皇帝是一个嗜书画如命的人，凡是经他收藏过眼的珍贵书画，没有一件不留下印章和题跋的。有的满意的作品甚至是一题再题，直到无处可写为止。但是《平复帖》既没有乾隆的题跋也没有他的收藏印章，更没有收入《石渠宝笈》一书中，这是为什么呢？主要有两个方面的原因：

第一，当时乾隆已将《平复帖》送给了皇太后，那么就不方便再要回来欣赏、题跋了。

第二，乾隆的书法甜熟流美，属于赵孟頫一路，上宗王羲之，所以他本人把王羲之、王献之二王书法作为正统。《平复帖》字体生涩，内容又佶屈聱牙，不对乾隆的路子，所以他不喜欢。

《平复帖》在成亲王永瑆家里传到了第五世孙载治手中。载治于光绪六年（1880）病逝，当时他的两个儿子溥伦和溥侗只有几岁，年幼无知。光绪帝就委派恭亲王奕䜣来管理王府的事务。恭亲王以溥伦、溥侗兄弟年幼为理由，将《平复帖》代为保管，这以后《平复帖》就稀里糊涂地成为恭王府的收藏品了。卷中"皇六子和硕恭亲王"图章，就是奕䜣的收藏印。奕䜣去世后，他的孙子溥伟继承了《平复帖》。

1911年，清王朝被推翻，溥伟逃往青岛图谋复辟清廷，《平复帖》留给了二弟溥儒。1937年，溥儒为母治丧，不得已出让《平复帖》，于是就有了我们上面介绍的张伯驹三求《平复帖》的故事。

## 二、奇文共赏

《平复帖》书写于西晋时期，是陆机用一支秃笔书写在牙白色麻纸上的一封私人信函。麻纸有多大呢？它纵23.7cm、横20.6cm，也就是一张A4纸的三分

皇六子和硕恭亲王印

集文选句

雅性内融惟道是秋

天骨竦朗其馨若兰

成亲王书

成亲王永瑆书法

之二大小。全帖共有 9 行 86 个字，其中有两个字因为纸张损坏脱落了，所以今天能看到的也就 84 个字。那么这封信写的是什么内容呢？遗憾的是，从《平复帖》有明确记录的唐以后的 1000 多年间，许许多多的文人学者试图解读，却没有一个人能够读懂全文。众所周知，中国文字一脉相承，从未间断，中华大地更是江山代有才人出，就这么区区 84 个汉字，为什么 1000 多年来竟然就没有人能够读懂呢？原来，这封信是用介于章草和今草之间的文字书体来书写的。什么是章草？大家都了解，我国书法有四种大的字体"篆、隶、草、真"。章草就是由篆书演变到隶书阶段时派生出来的一种书体，属于隶书的草写，大约形成于两汉，主要流行于三国时期和西晋时期。由于章草书法古拙，生涩难懂，所以被弃用后，人们很快就把它淡忘了。上面所说的"今草"，又称"小草"，是在继承章草的基础上，由隶书向楷书、行书发展的一种书体，书写更为简单方便，代表书法家有王羲之等人。由于《平复帖》文字古怪，再加上流传过程中纸张的磨损，许多文字的偏旁部首都脱落了，所以明朝的学者李维桢在韩世能家看到《平复帖》后赋诗感叹：

草草八行半漶灭。

——李维桢《答范生诗》

就是说这 8 行半字，在明朝的时候，已经损坏严重了。

明代的另外一位学者、收藏家张丑得到这幅墨宝后，发愿译出全文，他苦思冥想了多年，也仅仅认出 14 个字，所以不免望文兴叹。

到了清代，收藏家安岐也试图在张丑的 14 个字基础上进一步解读，努力了几十年，到死竟然也没能再多认出半个字来，所以他也无奈地说：

其文苦不尽识。

——安岐《墨缘汇观》

近代，日本人梅园方竹在张丑的基础上，试着又解读出了 6 个字，其中还把第一行的"瘵"字误读为"虏"字。也就是说，1000 多年来，经过中外学者的共同努力，也仅仅认出了 19 个字。《平复帖》释读困难可见一斑。难道就眼看着这封信真的成为千古疑案不成？幸运的是，20 世纪中叶，终于有学者破译出全文。那么是谁第一个破解了这个千年疑案？说到《平复帖》的破译，这还多亏了当代著名学者、古文献鉴定家启功。启功与张伯驹是老友，早在 20 世纪三四十年代，启功就曾在张伯驹家中看到过《平复帖》，经过几年的研究，启功凭借着广博的学识，不但译出全文，还把偏旁残损的 5 个字补读出了 3 个。1942 年，这篇译文在《雍睦堂法书》中刊出。20 世纪 60 年代，启功又对原来的译文不准确的地方加以调整，就这样《平复帖》这个千年未解之谜终于被破解，启功先生也就成了收藏史上第一个成功释读出《平复帖》全文的人。那么，这封信究竟是讲的什么内容呢？我们先来看启功的释文：

> 彦先嬴瘵，恐难平复，往属初病，虑不止此，此已为庆。承使唯男，幸为复失前忧耳。吴子杨往初来主，吾不能尽。临西复来，威仪详跱。举动成观，自躯体之美也。思识□爱之迈前，势所恒有，宜□称之。夏伯荣寇乱之际，闻问不悉。
>
> ——启功释文

这封信大概意思是说：彦先身体瘦弱多病，担心他很难痊愈康复，刚得病的时候，如果及时救治，不致如此。能维持到现在这个样子，已值得庆幸了。现在又有儿子照顾，可以无虑了。吴子杨第一次来我（陆机）家，没尽到地主之谊。这时临将西行，再来相见，言谈举止，器宇轩昂，与以前大有不同了。思想之前卫，应是他具有的，应予称赞。夏伯荣因为寇乱阻隔，得不到他的消息。

通读全文，可以了解，这封信共有两层意思，第一段主要谈一个叫彦先的朋友

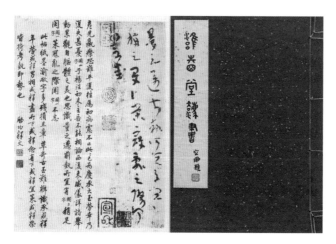

《雍睦堂法书》及启功《平复帖》释文

的病情。下一段则谈吴子杨两次来访的情况，还说了寻找夏伯荣的事。至于信中提到的这几个人，都是什么身份？他们和陆机又有什么关系呢？下面就让我们来看一看《平复帖》里的人。

### 三、华亭鹤唳

与《平复帖》相关联的总共有 5 个人，首先是写信人陆机，再就是收信人，至于收信人是谁，目前有两种说法，一说是陆机的弟弟陆云，一说是陆机的一位朋友。信中还提到彦先、吴子杨、夏伯荣，至于吴子杨和夏伯荣这两个人，因为缺乏史料，今天已没有办法考证他们的身份了。接下来，就来了解一下陆机、陆云和彦先。

陆机出生在三国时期一个世代簪缨的东吴望族，因为做过成都王司马颖的平原内史，后人又尊称他为陆平原。陆机的祖父陆逊是三国时代叱咤风云的人物，更是吴国杰出的军事家和政治家。父亲陆抗也做过吴国的大司马。今天形容古代的杰出人物，往往用文治武功这个词，陆逊就是东吴继周瑜、鲁肃之后的又一位文武兼备、智勇双全的风雅儒将。公元 244 年，陆逊任丞相一职，达到了他事业的巅峰。由于陆逊功高盖主，引起孙权的猜忌，公元 245 年，陆逊在巨大的政治压力下自杀。

陆逊去世后，他的儿子陆抗承袭爵位。陆抗有大将之才，任吴国大司马，相当于统领三军的兵马大元帅。公元 261 年到 262 年，陆机和他的弟弟陆云沐浴着世代簪缨的贵族光环相继出生了。陆机、陆云兄弟是少有的奇才，文章冠世，世称"二陆"。不幸的是，陆机 14 岁的时候，父亲陆抗病死，年仅 49 岁。年少的陆机继承父志，承袭牙门将军一职。公元 280 年，东吴被西晋灭亡，刚刚 20 岁的陆机心灰意冷，退隐家乡，就是今天上海华亭的小昆山。华亭乡野的鹤鸣鹿呦，陪伴陆氏兄弟闭门修学 10 年。10 年的蛰伏，亡国的仇恨渐渐淡去，心灵的创伤也被抚平。不辱先祖、光复祖庭的功利心开始在陆机的心里野蛮生长，这个时候诗文已不能慰藉血管里奔腾的贵族血液，因为他的胸中除了诗，还有远方，这个"远方"就是西晋的首都、政治沸腾的洛阳。

公元 289 年，年近 30 岁的陆机为了建功立业、重光陆家门庭，结束了 10 年隐居生活，带着弟弟陆云携手北上洛阳发展，开始了长达 15 年的"北漂"生涯。到洛阳后，兄弟俩先去拜见了当朝大名士张华。张华是何许人也？他是西晋时期的政治家、藏书家、文学家，是西汉留侯张良的 16 世孙。张华工于诗赋，雅爱藏书，精通目录学，编成了中国第一部博物学著作《博物志》。

双方一见如故，张华爱惜陆机、陆云的才华，半开玩笑地说道：

伐吴之役，利在获二俊。

——陈寿《三国志》

讨伐东吴的最大收获，就是得到了陆机、陆云兄弟，赞赏之情溢于言表。凭着这句张华的名人代言，二陆兄弟迅速登上了首都洛阳文化新闻的头条，很快就变成了万众瞩目的"网红"，也顺利地跻身于一线文人的行列。当时的洛阳流行一说法：

二陆入洛，三张减价。

——房玄龄《晋书》

"三张"又是什么人呢？指的是西晋文学家张载、张协和张亢兄弟三人，他们是洛阳的文坛领袖。陆机、陆云的高颜值、高才情，一时轰动了洛阳城。二陆在洛阳的迅速走红，也带来了数不清的羡慕嫉妒恨。为什么呢？主要有如下原因：

一、二陆才华横溢，文章盖世，这让北方一些文人的固有声望和地位受到威胁。

二、陆机恃才傲物，在官场不懂得韬光养晦，不知道放下身段，处处与北方的豪族集团针锋相对。

北方的官员，骨子里瞧不起这些带有浓重南方口音的没落贵族，面对像陆机这样的"北漂"人士，处处讥讽嘲笑甚至侮辱他们。

比如司马颖的左长史卢志出身北方望族，祖父卢毓曾官居魏国司空，父亲卢珽任泰山太守。卢志也是骨子里瞧不起南方来的陆机，一次当着好多人戏问陆机：

陆逊、陆抗是君何物？

——南朝宋·刘义庆《世说新语·方正第五》

在当时，当面提对方先辈的名字是大不敬。面对着卢志的讥讽，陆机针锋相对地回击：

如卿于卢毓、卢珽。

——南朝宋·刘义庆《世说新语·方正第五》

陆机的反唇相讥，让卢志颜面扫地。为人宽厚的弟弟陆云劝说陆机：我们身在他乡，卢志有可能不知道我们的祖辈，干吗这样唇齿相报呢？陆机说：我们的祖父、父亲名扬天下，哪有不知道的，他这是故意羞辱我们兄弟！

孟玖是西晋成都王司马颖最宠信的宦官。孟玖曾向司马颖提出，希望能让自己的父亲去做邯郸令，连左长史卢志都随声附和，不敢反对，陆云却义正词严地反对道：出任邯郸令一向是有名望的人，怎么能让一个宦官的父亲去担任？陆云的羞辱，使心胸狭隘的孟玖怀恨在心。

与卢志、孟玖的冲突，为人坦荡的陆机兄弟也许根本就没有放在心上，但正是他们的恃才傲物、逞一时口舌之快，得罪了当朝的这两个大佬级人物，也最终给他们招来杀身之祸。

根据启功的释文，陆机在信中首先谈到"彦先"，在陆机和陆云的朋友中，称呼"彦先"这个名字的至少有三个人，一是顾荣，一是贺循，一是全彦先。说到这里，不了解的朋友可能会问，为什么都叫彦先啊？"彦先"是光复先祖门庭的意思，在当时是一个很时髦的名字。据启功考证，三个彦先，只有贺循多病，所以信中的彦先很可能就是贺循。巧合的是，陆机、陆云兄弟结束隐居生活，一起北上洛阳的时候，顾荣、贺循还有同样出身东吴世家的名士张翰也一起组团"北漂"洛阳淘金。到洛阳后顾荣还与二陆兄弟一起赢得"三俊"的称号。

晋惠帝时，为争夺权力，皇室骨肉相残，接着爆发了延续十六年之久的"八王之乱"。面对着西晋政治生态日益恶化，顾荣等人力劝陆机辞官，但陆机却认为自己才华横溢，而又有光复陆家荣耀的大任在肩，绝不能半途而废。

当时张翰就看破时局，司马氏皇族都不能自保，更何况我们这些"北漂"的外地人。他迎着渐起的秋风，想起这个时候正是品尝家乡莼菜羹、鲈鱼脍的季节，应该立刻回到江南。张翰洒脱地说道：

人生贵得适意尔，何能羁宦数千里以要名爵乎！

——唐·房玄龄《晋书·张翰传》

这句话意思是说：人生在世，最可贵的就是顺乎自然，顺乎内心，怎么能够为了追求功名利禄奔波数千里，而使自己的身心受到束缚呢？

于是张翰就开始了一场说走就走的旅行，立即辞官回到老家。从此"莼鲈之思"的典故就成了官场中急流勇退的代名词，也是千百年来文人士大夫在官场失意的时候，最能慰藉自己的一锅心灵鸡汤。

公元 303 年，孟玖、卢志二人诬陷陆机造反，陆机、陆云兄弟并三族被灭。回想十几年来，为再现陆家的辉煌，兄弟二人可以说使出了洪荒之力，但最终却落了个被诛杀三族的悲剧。刑场上，陆机抬头仰望南方的蓝天，忽然想起与弟弟陆云隐居故乡华亭时的平静生活，他眼含热泪，问了一句陆云：

华亭鹤唳，岂可复闻乎！

——唐·房玄龄《晋书·陆机传》

常说：人之将死，其言也善。陆机才高八斗，文章冠世，东吴灭亡后，他本来可以隐居华亭，过着"十亩苍烟秋放鹤，一帘凉月夜横琴"的高士生活，但出身豪族世家，一心要光复祖先辉煌的野心，却使他过度留恋官场，不愿急流勇退，最终被出身豪族的政治包袱给活活压死。43 岁的陆机，慷慨赴死。他在刑场上最后的这一声叹息，留下了"华亭鹤唳"的成语，时时警醒着后世的读书人。

陆机在历史上是以文章传世的，但他同时还是一位了不起的书法家。比如在唐代房玄龄主修的《晋书》中，唐太宗曾亲自捉刀为两个书法家作评论，一位是书圣王羲之，另外一位就是陆机。李世民在《晋书·陆机传论》中称赞陆机：

百代文宗，一人而已。

陆机悲惨离世，幸运的是，他当年随手书写的一张便条，却穿越历史的风雨，神奇地保存到了现在。西晋的面貌早已模糊在历史的长河中了，我们今天却可以通过陆机这一张手帕大小的书信，来追忆 1700 多年前那段风云激荡的岁月。

《平复帖》书写于西晋年间，在中国书法史上拥有重要的地位，素有"百帖之祖"和"中华墨皇"的至高美誉。因为《平复帖》是我国传世年代最早的名家书法，也是历史上第一件流传有序的书法墨迹，比王羲之的天下第一行书《兰亭序》还要早 60 多年。明代的大书法家董其昌就称赞它为：

> 右军以前，元常以后，唯存此数行，为希代宝。

这里所说的"右军"就是书圣王羲之，"元常"则指的是三国时期的大书法家钟繇。董其昌很明确地肯定了《平复帖》在中国书法史上的重要性，指出钟繇以后、王羲之以前的书法真迹，仅仅保存了《平复帖》这几行文字了，实在是独一无二的稀世国宝。古文献鉴定家启功在《论书绝句·二》中更是肯定《平复帖》为：

> 平复无惭署墨皇。

《平复帖》见证了中国文字和书法的变迁史，同时它还是汉字由隶书向楷书过渡的珍贵标本。所以说，《平复帖》是当之无愧的"百帖之祖"和"中华墨皇"。

张伯驹以锲而不舍的精神收藏到了《平复帖》，这也让他一举成为民国收藏界的风云人物，不过也因此给他带来了一场危机，甚至差一点还引来了杀身之祸！1941 年，张伯驹在上海被匪徒绑架，索要 300 万（伪币），显然对方是冲着《平复帖》来的，深陷魔窟的张伯驹叮嘱来探望的妻子潘素："宁死魔窟，决不许变卖家藏。"僵持 8 个月后，家人花费重金才把受尽磨难的张伯驹给赎了回来。

后来，为了躲避战乱，张伯驹让夫人潘素把《平复帖》缝进贴身衣服里，自己随身携带，举家逃到陕西西安避祸。

　　新中国成立后，张伯驹、潘素夫妇看到新政府充满生机，他们认为还宝于民的时候到了。1956 年，张伯驹将花费巨资甚至不惜抛却身家性命保存下来的《平复帖》，以张伯驹、潘素夫妇二人的名义无偿捐献给了国家。国宝终于化私为公，张伯驹在《陆士衡平复帖》中也无限感慨地说：

　　　　在昔欲阻《照夜白图》出国而未能，此则终了宿愿，亦吾生之一大事。

　　民国时期，一个人如果有机会看一眼百帖之祖《平复帖》，就是一件足以炫耀一生的事了，而张伯驹却实实在在地拥有了它，这让收藏界人士羡慕不已。我们总说机会是留给有准备的人的，张伯驹不仅拥有了中华墨皇《平复帖》，后来他又遇到了一个机遇，再一次幸运地将中国存世最早的一幅山水画收藏到手，但为此他也被迫将自己最喜爱的一座豪宅卖掉，才将这幅镇国之宝艰难地保存在中华大地上。那么这又是一幅什么样的画作？张伯驹又是如何收藏到这件国宝的呢？

丹青绝唱

《游春图》

第四章

## 一、前世今生

1946 年的一天，身在北京的张伯驹忽然得到一个消息，隋朝展子虔的《游春图》惊现长春，身为故宫博物院专门委员的张伯驹立刻把这个惊人的消息告诉了故宫，希望故宫能够出资收购。当时国民政府财政困难，故宫根本无力购买。面对《游春图》随时流落海外的危险，张伯驹和夫人潘素商定，即使倾家荡产也要把《游春图》买下来。那么《游春图》究竟是一幅什么样的画作呢？下面就先来了解一下展子虔和他的《游春图》。

在美术界，一提到中国早期的著名画家，大家肯定脱口而出：顾、陆、张、展四家。这顾、陆、张、展具体是指谁呢？

顾指的是东晋画家顾恺之，顾恺之又名顾虎头，有"画绝、才绝、痴绝"的三绝美誉。

陆是指陆探微，他是南朝宋的宫廷画家，在中国绘画史上，据说他是以书法入画的创始人。

张是指北朝齐的画家张僧繇，善画人物、佛像，历史上著名的"画龙点睛"的成语就是从张僧繇的绘画故事演变而来。

这最后一个"展"呢，就是指有"唐画之祖"称谓的隋朝大画家展子虔。

在这四位中国绘画界鼻祖级画家中，陆探微和张僧繇的作品只见文字记录，而没有画作流传下来。相传为顾恺之所作的作品倒有多幅传世，比如《女史箴图》和《洛神赋图》，可惜这些作品都是后人的临摹品，没有真迹。幸运的是，在这四人当中，展子虔有却真迹流传。据宋徽宗的《宣和画谱》记载，展子虔的画作在北宋的时候还有 20 件存世，但今天能看到的真迹，也只有《游春图》一幅孤品了。展子虔，约生于公元 545 年，逝于 618 年，隋代绘画大师，山东阳信人。隋文帝的时候任朝散大夫，这是隋朝设置的一个闲职，大概相当于今天的局级待遇吧。展子虔是目前唯一有画迹可考的隋代著名画家，在中国绘画史上占据着举足轻重的地位。

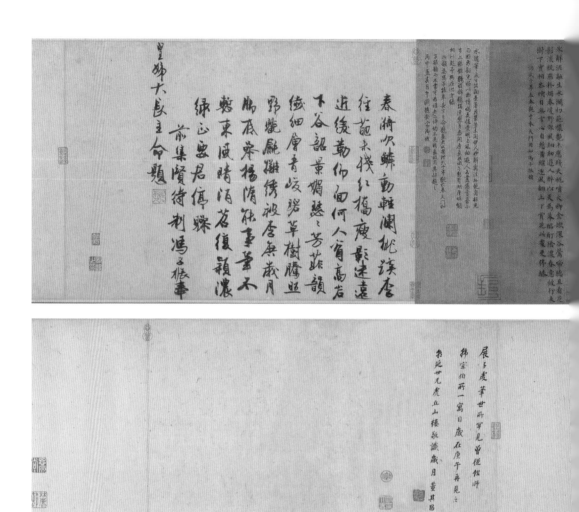

隋　展子虔绘《游春图》

暖風吹浪生魚鱗畫畓彷彿
西湖春錦鵜詩人兩相逐碧
山桃杏霞初匀粉皆朱檻眼
歃醉垂楊淺試備蛾顰人間
別自有蓬島儌源之說元非
真危橋凌空路欹轉飛流直
下煙迷津畫船六有詩興好
嬋娟十必飛梁塵兩峰隔水
俯晴泳韶光似酒融芳晨望
中白雲無憂態我歆乘風聽
松瀨落花出洞世豈知
瑤池、上春千戴

趙巖

東風一樣翠紅新綠水青
山又可人料得春山更深
裏仙源初不限紅塵
中書平章政事張珪敬題

他擅长画佛道、人物、楼阁，尤其擅画山水，是从晋朝到唐朝一位承前启后的艺术大师，被后人尊称为"唐画之祖"。那么，为什么他能够拥有这样的美誉呢？

因为六朝之前的山水画，都属于那种"水不容泛，人大于山"的原始画法，就是说当时绘画技法还非常稚嫩，所画的水根本浮不起木舟，而所画的人呢，比他身后的高山还要大。这从顾恺之的《洛神赋图》就可以非常明显地看出来。下面来解读展子虔的《游春图》，此画纵 43 厘米，横 80.5 厘米，在绢上用浓丽的青绿色彩，描绘了阳春三月的江南地区春光明媚、山青水碧的郊野。画中出现或男或女或老或少一共 13 位贵族人物，他们骑马泛舟，踏青赏春。

《游春图》在画法上采用俯视法，在画面的空间处理上，完全改变了南北朝山水画那种不合乎视觉比例的画法；也彻底改变了南北朝山水画中，树木排列就像伸臂布指那种比例失调、笔法僵硬的状况，使山水画进入青绿重彩、工整细巧的新阶段。《游春图》这种浓重的青绿色彩画法的使用，被称为"青绿法"，这种画法开创了中国山水画一种独具风格的面貌，直接影响了唐朝的山水画法，体现出承上启下的画风，标志着山水画即将进入唐朝的成熟期。所以展子虔也是当之无愧的"唐画之祖"。

关于《游春图》从隋唐到北宋的流传历史，目前因为资料缺失，还弄不太清楚。不过《游春图》进入宋徽宗内府后，就被徽宗收入《宣和画谱》，并称赞《游春图》：

　　　　　写江山远近之势尤工，故咫尺有千里趣。

宋徽宗内府收藏宏富，仅展子虔的绘画就有 20 幅，但是宋徽宗特别看重《游春图》，亲自用他独创的瘦金体在卷首写下：展子虔游春图，并加盖"双龙"方印和"政和"以及两枚不同字体的"宣和"印，共四枚印章。宋徽宗还把他收藏的西晋陆机的《平复帖》与《游春图》并称为内府珍藏双璧。1126 年，靖康之难，北宋灭亡，《游春图》也从皇宫流散出来，几经流转，最后又到了南宋的一代权相贾似道手中。

贾似道是南宋时期的一个重要人物，这个人无论在正史和野史上都有说不完的故事。

贾似道（1213—1275），号悦生、秋壑。这个人从少年时期就品行不端，按现在说法就是不良少年一枚。后来他的姐姐成了宋理宗的爱妃，他凭着这层裙带关系，很快就成为朝廷重臣。权力来得太容易，所以贾似道就为所欲为、任意挥霍。

贾似道不学无术，放浪形骸。他有两个爱好，一是喜爱斗蟋蟀。据说贾似道经常带蟋蟀上朝议政，朝堂上时不时传出虫鸣声，甚至有一次，蟋蟀还从他的袖子里直接跳到皇帝的胡须上。所以人送外号"贾虫""蟋蟀宰相"。2003年，著名演员王刚就领衔主演了以贾似道为原型改编的电视剧《蟋蟀宰相》。但令人想不到的是，玩物丧志的贾似道，竟然编成了世界上第一部研究蟋蟀的专著《促织经》。该书共二卷，对蟋蟀的斗和养等多个方面进行了详细的论述。

贾似道的另一个爱好就是酷爱珍宝古玩，还专门建造多宝阁来储藏巧取豪夺来的宝物。余玠是南宋忠臣，抗击蒙古军的名将。贾似道听说余玠有一条制作精美的玉带，他就派人去索要。当时余玠刚刚去世，玉带随葬。贾似道硬是派人明目张胆地掘开坟墓把玉带取走，专横自私贪婪到极点。另外，贾似道还喜欢收藏图书典籍和书画，他收藏善本图书达1000多部，今天我们还能够看到的许多古代书画名作，如王羲之《快雪时晴帖》、欧阳询《行书千字文》、赵昌《写生蛱蝶图》、崔白《寒雀图》等，都曾是他的藏品。除了这些珍贵的收藏之外，《游春图》也流落到了贾似道手中，贾似道在画上盖下了"悦生"和"封"字印章。作恶多端的贾似道后来被贬官流放，被押解人刺死在半途的厕所里，落得个肮脏可悲的下场。

南宋灭亡后，《游春图》被元朝的鲁国大长公主收藏。大长公主是元朝的公主，忽必烈的五世孙女，至大四年（1311）被弟弟元仁宗敕封为"皇姊鲁国大长公主"。在前面曾经讲过，元朝的皇帝不看重汉文化，内府更不太注重书画收藏，但是大长公主却是个例外。她自幼诵读经史，推崇儒家文化，后来又痴迷书画艺术，是中国历史上第一位女收藏家，也是元朝最为重要的一位书画收藏家。至治三年（1323）三月三日上巳节，大长公主效仿王羲之在大都（今天的北京）的天庆寺举行雅集，

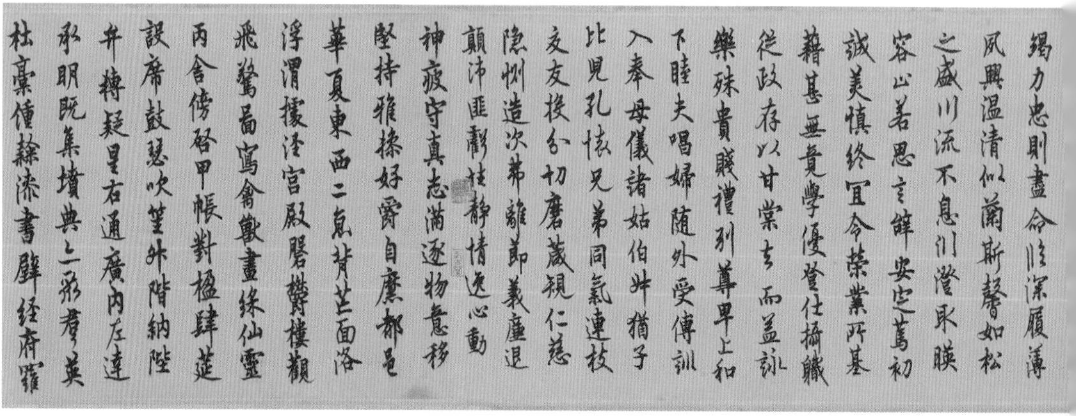

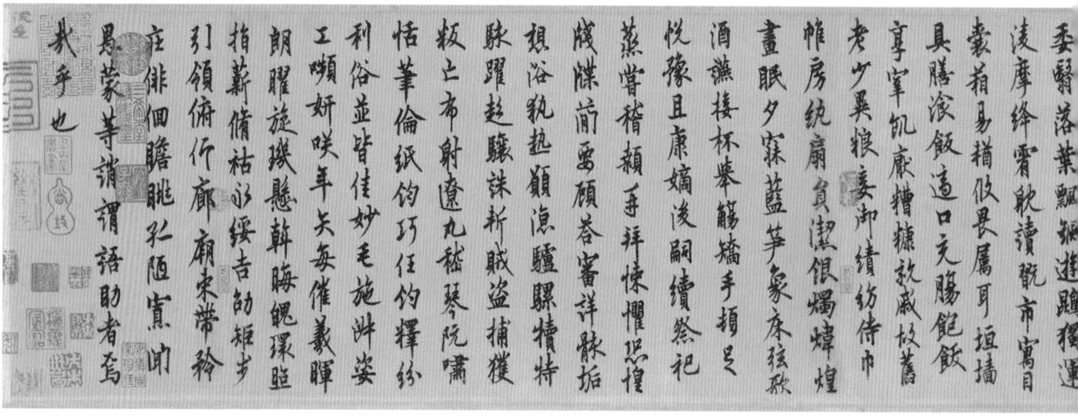

唐　欧阳询书《行书千字文》，辽宁省博物馆藏

千字文

勅貞外散騎侍郎周興嗣
次韻
天地玄黃宇宙洪荒日月
盈昃辰宿列張寒來暑往
秋收冬藏閏餘成歲律召
調陽雲騰致雨露結為霜
金生麗水玉出崑岡劍號
臣聞珠稱夜光菓珍李柰
菜重芥薑海鹹河淡鱗潛
羽翔龍師火帝鳥官人皇
始制文字乃服衣裳推位
讓國有虞陶唐吊民伐罪
周發殷湯坐朝問道垂拱
平章愛育黎首臣伏戎羌
遐邇壹體率賓歸王鳴鳳
在樹白駒食場化被草木
賴及萬方蓋此身髮四大
五常恭惟鞠養豈敢毀傷
女慕貞絜男效才良知過
必改得能莫忘罔談彼短
靡恃己長信使可覆器欲
難量墨悲絲染詩讚羔羊
景行維賢剋念作聖德建

將相路俠槐卿戶封八縣
家給千兵高冠陪輦驅轂
振纓世祿侈富車駕肥輕
策功茂實勒碑刻銘磻溪
伊尹佐時阿衡奄宅曲阜
微旦孰營桓公匡合濟弱
扶傾綺迴漢惠說感武丁
俊乂密勿多士寔寧晉楚
更霸趙魏困橫假途滅虢
踐土會盟何遵約法韓弊
煩刑起翦頗牧用軍最精
宣威沙漠馳譽丹青九州
禹跡百郡秦并嶽宗恆岱
禪主云亭鴈門紫塞雞田
赤城昆池碣石鉅野洞庭
曠遠綿邈巖岫杳冥治本
於農務茲稼穡俶載南畝
我藝黍稷稅熟貢新勸賞
黜陟孟軻敦素史魚秉直
庶幾中庸勞謙謹勅聆音
察理鑒貌辨色貽厥嘉猷
勉其祗植省躬譏誡寵增
抗極殆辱近恥林皋幸即
兩踈見機解組誰逼索居
閒處沈默寂寥求古尋論

宋　赵昌《写生蛱蝶图》

邀约文人雅士饮酒赋诗、鉴赏书画，这也成为元代文坛上不可多得的一件雅事。大长公主的收藏除了展子虔《游春图》以外，还有张择端的名作《清明上河图》、贾似道曾经收藏过的赵昌的《写生蛱蝶图》等画作。《游春图》上至今还清晰地留着她的"皇姊图书"的收藏印章，她还让当时的元曲大家冯子振在画卷上题诗。

　　明朝初年，《游春图》进入明内府，后来被严嵩据为己有。一提到严嵩、严世蕃父子，这两个人几乎成了贪污腐败的代名词。尤其是嘉靖后期，严嵩权倾朝野，儿子严世蕃乘机大肆搜刮天下珍宝，其中就包括数量惊人的古代书画名作。在明代文嘉编著的《钤山堂书画记》一书中，就详细记录了严嵩父子被抄家罚没的珍贵书

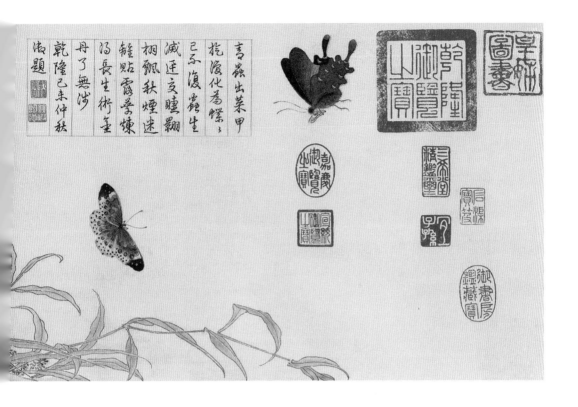

画，展子虔的《游春图》也赫然在列。文嘉是苏州人，是明代大画家文徵明的儿子。文嘉自幼受父亲的影响喜爱绘画，是卓有成就的书画家和鉴定家。严嵩、严世蕃父子被抄家时，文嘉就作为书画鉴定专家全程参与。这次抄家光历代书画就有3201轴，书法101件。文嘉将自己所看到的重要书画一一记录下来，因为严嵩的书房堂号叫"钤山堂"，所以文嘉就将书名定为《钤山堂书画记》，在书中文嘉称赞《游春图》：精妙绝伦！

严嵩在《明史》中被定为六大奸臣之一，在政治上，他执政误国，贪污腐化，排除异己，杀害忠臣，可谓十恶不赦。但是严嵩却又是明代不可多得的文人，他的《钤山堂集》《钤山诗选》在文采上还是获得很多好评的。明代的文坛领袖王世贞和严嵩有杀父之仇，据说严嵩为夺取稀世国宝《清明上河图》，借故杀害了王世贞的父亲王忬。但在评论严嵩的诗词文章的时候，王世贞在《乐府变》中却给出了中肯的评价：

孔雀虽有毒，不能掩文章。

后来严嵩的儿子严世蕃因通倭罪被杀，严嵩这个曾经的大学士也被朝廷勒令一路乞讨返回江西老家。他收藏的历代书画奇珍也全部充公，一切皆成过眼烟云。

明朝万历年间，《游春图》又归了收藏家韩世能、韩朝延父子。韩世能收藏宏富，前面曾经做专门介绍，《平复帖》就曾被他们父子拥有。著名鉴定家董其昌作为韩世能的门生，专门为展子虔《游春图》题跋、点赞：

展子虔笔，世所罕见。

清朝，《游春图》曾经被收藏家安岐珍藏。安岐去世后，他的收藏包括《平复帖》《游春图》等一大批书画，均被乾隆皇帝买断。乾隆十分爱惜《游春图》，他先后在画作上题长诗两首。《游春图》还被收入《石渠宝笈续编》，这也是《游春图》最后一次进入皇宫，一直传到清朝最后一个皇帝溥仪手中。

## 二、命运多舛

1946 年，展子虔《游春图》惊现长春街头。《游春图》很快就被长春墨古斋书画商穆磻忱收购。穆磻忱于民国初年曾在北京琉璃厂墨宝斋学徒，九一八事变后，他来到伪满洲国首府长春开设墨古斋古玩店，后来遇到震惊中外的"小白楼"文物流散事件，《游春图》等一大批国宝流散到社会上。穆磻忱是近水楼台，据说他仅用很低的价格就得到了国宝《游春图》。穆磻忱知道，《游春图》价值连城，但要想卖个好价钱必须得到北京去，因为那里收藏家云集，所以他就将《游春图》带回北京，放在琉璃厂的崇古斋、玉池山房等古玩店待价而沽。说到这里，大家可能会产生疑问，这《游春图》本来是清宫旧藏的国宝，怎么会流落到塞外长春？怎么又会从"小白楼"流失出来？

要想了解展子虔《游春图》多舛的命运，这还要从清朝末代皇帝溥仪谈起。

1911年，清朝灭亡，根据民国政府的优待条例，逊帝溥仪关起门来做皇帝，但是越往后政局越是动荡，"小朝廷"风雨飘摇，处在朝不保夕之中，所以溥仪很早就做了出宫的准备了。溥仪生于一个帝王之家，肩不能挑，手不能提，万一这皇宫不让住了，以后怎么生活下去呀？另外溥仪还有一个打算，就是准备出国留学，这当然也需要大笔的资金。怎么办？所以他很早就打起了宫中收藏的历代书画国宝的主意来。从1922年到1924年，溥仪以赏赐二弟溥杰的名义，将1000多件手卷字画、200多种挂轴和册页，另外还有宋版图书200种盗运出宫。这些文物都是溥仪精心挑选的国宝，比如王献之的《中秋帖》、王珣的《伯远帖》、张择端的《清明上河图》、司马光的《资治通鉴》亲笔手稿等等，当然也包括展子虔的《游春图》。1924年11月5日，溥仪被冯玉祥的部队赶出故宫，随后来到天津生活，国宝也被偷运到了天津，在天津被溥仪卖了几十件。1932年伪满洲国成立后，这些国宝又被转运到伪满洲国首府长春，存放在一栋"小白楼"内。这个"小白楼"，就是当年伪满帝宫内一座刷了白灰的普通小楼。

1945年，日本战败，溥仪携带120多件文物书画逃往通化县的大栗子沟，在"小白楼"中剩下的1000多件书画被留守的卫队肆意抢劫。在争抢中有的书画被撕成碎片，有的被撕成几段，有的则埋入地下受潮腐烂，有的竟被一把火烧毁。这就是文物史上著名的"小白楼书画浩劫"惨案，这也是我国近代书画珍品遭受到的最惨重的一次浩劫。

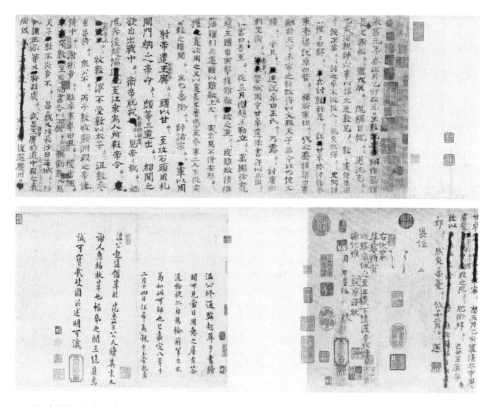

司马光《资治通鉴》手稿

其实，早在 1945 年，这些被士兵抢劫的书画，就零零星星地出现在长春的文物市场上，当时北京琉璃厂的一些书画商就闻讯赶来收购。

1946 年，张伯驹与傅增湘、胡适、陈垣、徐悲鸿、张大千等人被聘为故宫博物院书画专门委员会委员。对于东北文物市场上出现的"小白楼"流散故宫旧藏书画，张伯驹也早已耳闻。身为故宫专门委员，保护和抢救这批文物责无旁贷，他很快考证出约有 1198 件故宫书画流失，除赝品及一般作品外，有重要历史文物价值的书画约有四五百件。张伯驹就向时任故宫博物院院长马衡提出两条建议：

　　1. 所有赏溥杰单内者，不论真赝统由故宫博物院价购收回；

　　2. 选精品经过审查价购收回。

——张伯驹《春游纪梦》

　　故宫博物院作为这批珍贵书画的旧主,也积极地参与抢救"小白楼"流散文物。

　　再说穆磻忱与琉璃厂的书画商们，为了能把《游春图》卖个好价钱，他们给《游春图》专门拍了照片，然后把这些照片分别寄给各大书画收藏家，索价 800 两黄金。

　　张伯驹一收到照片，马上意识到这件绘画作品的重要性，如此重要的一幅山水画杰作，竟然流落在外,《游春图》是故宫旧藏，理应重回故宫，由国家珍藏。所以他建议马衡，希望故宫可以出资，买下《游春图》，让国宝回家。故宫博物院急忙向南京国民政府打报告申请资金。当时国民政府财政困难，又正在积极筹备内战，不可能再下拨巨款去购买一张古画。所以马衡院长无奈地告诉张伯驹：缺少经费，故宫对《游春图》无能为力！

长春"小白楼"

　　怎么办，故宫没有经费，难道就眼看着《游春图》继续流落在外？在当时，对于珍贵文物来说，最让收藏家害怕和痛心的事，第一是怕损毁，第二怕流落海外。而张伯驹有着很深的爱国情怀，他认为这些民族瑰宝应该保留在诞生它们的这块土地上。张伯驹和夫人潘素决定自己先买下来，将来有一天再献给国家。但是，1946年的张伯驹已今非昔比，经济状况大不如前，为什么呢？这主要有两个方面的原因。

　　　　1. 张伯驹多年来大量收购宋元真迹，而且只收不卖，花费金额巨大。

　　　　2. 张家的收入主要来源于盐业银行，但在日本侵华期间，盐业银行因为投机买卖美国债券失败而损失惨重，盐业股票也就不值钱了，所以，一直到抗战胜利，张伯驹从银行根本分不到多少红利。1941年，张伯驹在上海被绑架八个月，损失惨重。后来为了保护收藏的国宝，张伯驹逃到西安避难，为了生计在西安开设了一个面粉厂，惨淡经营，最后赔了不少钱。可以说，连年来坐吃山空，这位大银行家已今不如昔了。

　　一边是故宫无力购买，一边是自己囊中羞涩，一向淡定沉着的张伯驹也变得焦躁不安起来。手里没钱是一大原因，没钱还可以想办法借贷筹措，但还有另一件棘手的事更是迫在眉睫，必须解决！什么事呢？大家知道，虽然民国政府也颁布过古物保护法，但当时兵荒马乱，时局动荡不安，文物法不过是一纸空文，形同虚设，根本阻止不了《游春图》外流。再有，商人逐利，为了卖个好价钱，对他们来说买主是外国人还是中国人就没那么重要了。迫于此，张伯驹就委托文物界的朋友在琉璃厂一街两巷呼吁：

《游春图》是国家民族的稀世珍宝，绝不能让国宝外流，绝不能做对不起子孙后代的事！谁要卖给外国人，谁就是国家民族的罪人！

紧接着，他又委托老朋友、琉璃厂墨宝斋的掌柜马宝山，去接洽购买《游春图》。

马宝山，1911 年出生于河北衡水农村，16 岁只身来到北京琉璃厂墨宝斋碑帖店当学徒，由于马宝山为人诚实，学习刻苦，20 岁出头就接手"墨宝斋"成为掌柜，后来成长为著名的碑帖鉴定家。因为张伯驹是大收藏家、琉璃厂的常客，所以二人早就认识。马宝山也为张伯驹维护民族尊严、保护文物遗产的精神感动，他答应尽全力帮忙收购《游春图》。

马宝山与张伯驹、潘素（左起）

## 三、国宝担当

马宝山和穆穆忱都是墨宝斋出来的学徒，按辈分穆穆忱还是马宝山的师叔，马宝山与穆穆忱、马霁川等几家古玩店合伙人经过反复协商，最后《游春图》定价黄金 200 两。价格谈好了，张伯驹的心也踏实下来，他本以为可以长舒上一口气，从容筹钱，没想到，这个时候琉璃厂传来一个消息，立刻让他坐卧不安起来。怎么回事？原来又有两个人加入争购《游春图》的行列里。这两个人是什么来头呀？说起这两位，在中国的画坛和文坛上均是赫赫有名的大师级人物，一位是国画大师张大千，另一位是小说家、后来又成为文博大家的沈从文。这又是怎么一回事呀？

其实，张大千并不是自己要买《游春图》，他是受朋友张群的委托代为购买的。张群是国民党元老，虽然国民政府没钱收购《游春图》，但是这些国民党要员手中却有的是真金白银。张群就对展子虔的《游春图》十分感兴趣，所以委托张大千来北京收购。张大千找到马宝山说：

> 张群要买《游春图》，托我来谈。
>
> 他愿出港条二百两。
>
> ——马宝山《书画碑帖见闻录》

当时香港的黄金是赤金，最受欢迎，条件确比张伯驹优越。马宝山是个讲诚信的人，他答复说：

> 已与张伯驹先生说定，不能失信。
>
> ——马宝山《书画碑帖见闻录》

张大千一听老友张伯驹已经定下《游春图》，也就不好再插手了，所以就告诉张群画已被张伯驹买走。再说沈从文，他当时在北京大学任教，北大准备筹办一个博物馆，就委派沈从文来洽谈购买《游春图》。为此，沈从文曾经先后6次看过这幅画，最终因为价格过高，另外沈从文本人对《游春图》的真伪也看不准，最后就放弃了。

张大千和沈从文的介入让张伯驹又紧张起来，他害怕夜长梦多再生变故，就和夫人潘素协商，决定把"丛碧山房"，也就是北京皇城根弓弦胡同一号大宅卖给辅仁大学。这个院子足足有15亩地，原是大太监李莲英的别墅，据说慈禧太后还曾光临过，是张伯驹最为喜爱的一处院落。"丛碧山房"卖了 2.1 万美金，再加上夫人潘素变卖的首饰，前后凑足了 170 两黄金，终于换来了千古名画《游春图》。看着费尽心血得到的《游春图》，张伯驹也是感慨万端，从此他就自号"春游主人"，他把海淀郊区的新住所"承泽园"改成"展春园"。几个月后，张群依然惦记着《游春图》，他让人给张伯驹带话，希望能把《游春图》转让给他，他愿意出价 500 两黄金，但张伯驹收藏《游春图》的目的绝不是为了倒卖赚钱，当然不为所动。

1952 年，新中国百废俱兴，故宫博物院也要恢复开放，以崭新的面貌迎接观众。时任国家文物局局长的郑振铎让文物处长、书画鉴定家张珩负责恢复开放绘画馆。张珩对郑振铎说出自己面临的困难，当时故宫旧藏的宋元绘画珍品绝大部分都被国民党带往台湾，剩下的精品寥寥可数，且大多都在私人收藏家手中，比如张伯驹收藏的隋朝展子虔《游春图》，如果故宫能够征集到这幅中国现存最早的山水画孤本，那绘画馆的陈列就成功一半了。

郑振铎与张伯驹是多年的好友，他就找到张伯驹说明情况。张伯驹表示，当初就建议故宫收藏，自己和夫人千辛万苦、典屋鬻钗买下《游春图》，就是怕它流向国外。随后张伯驹和夫人潘素决定把《游春图》捐献给国家。《游春图》再次回到故宫，不过与以往不同的是，这件国宝不再是某个人或者某个家族的私产，从此以后，它将属于整个中华民族共同拥有。今天，我们有幸能在故宫欣赏到这件 1400 年前的古老绘画，必须要深深感谢张伯驹、潘素夫妇当年不惜倾家荡产为国护宝的义举。

关于《游春图》的作者和创作年代问题，近些年学术界也有不同的看法。最早提出质疑的是沈从文，后来书画鉴定家傅熹年根据画里的建筑、服饰的演变，认为《游春图》的创作年代当在北宋时期。鉴定大家启功则说：

> 官本春游传有绪。
>
> ——启功题《丛碧堂张氏鉴藏捐献法书名画册题后》

启功认为，鉴定古代书画不是简单地分真伪，要具有一定的模糊度，在没有充分证据的前提下。要尊重前人的鉴定意见，最好不要轻易下否定的结论。沈从文虽然对《游春图》存有疑问，但他仍然肯定这幅画作在中国美术史上的特殊意义，他说：

> 隋代展子虔作的《游春图》，是一幅名画，它的经济价值，传说值黄金四百两。我意思可不在货币价值。这画卷的重要，实在是对于中国山水画史的桥梁意义……没有它,（中国山水画）历史即少了一个重要环节，今古接连不上。
>
> ——沈从文《读展子虔〈游春图〉》

正如沈从文所说,《游春图》在中国美术史上占有重要的地位，它是连接魏晋南北朝和唐宋山水绘画的一座桥梁，是一幅具有里程碑意义的中国早期山水画的活化石。

《游春图》诞生于隋朝，但隋统治的时间很短，前后仅仅延续了 38 年，接下来的大唐真正开启了中国历史上最为辉煌的一个朝代。在这个政治、军事、经济无比强大的朝代，中国的诗歌艺术也翻开了光辉灿烂的一页，产生了许多杰出的诗人，其中李白最负盛名，他是一位伟大的浪漫主义诗人，被尊为诗仙。直到今天，他的诗歌依然是妇孺皆知。但是大家知道吗？诗人李白同时还是一位书法家，他唯一传世的书法杰作，也被张伯驹收藏了。那么这是一件什么样的书法作品？张伯驹又是如何与它结缘的呢？

書畫光傳錦繡案詞人雅好

世無多　陸機短疏三賢問杜牧

長箋一曲歌官本春逊傳有緒

御題歸棹筌非訛著年牍下

平安福懷寶心同勝下和

叢碧堂張氏鑒藏捐獻法書

名畫冊題後　一九九六年新春啓功

启功题《游春图》

李白书赞　上阳台

## 第五章

## 一、《上阳台帖》

在中国古代历史上，大唐王朝是中国宗教、文学、艺术空前繁荣的一个时代。在这个伟大的朝代里，中国的书法创作与诗歌艺术也呈现出水乳交融、双峰并峙的局面。这个时期，既有崇尚法度的楷书大师欧阳询、颜真卿等人，他们一笔一画，法度森严；也有不拘一格、汪洋恣肆的草书大师张旭，他的一笔狂草功力深厚，更是将盛唐气象书写得淋漓尽致！张旭以豪放不羁的性情，开创了狂草这一书法流派，被后世尊称为"草圣"。所以在唐代的书坛上张旭是一个偶像级的人物，书法粉丝众多，追随他学习书法的弟子也多不胜数，而在这众多的弟子当中最著名的就是李白了。

唐　李白《上阳台帖》

　　李白是唐朝最伟大的浪漫主义诗人，被尊称为诗仙。说到诗仙李白，大家都不陌生，可以说妇孺皆知也不为过，我们每一个人大概都能随口背出几句李白的诗来。像"飞流直下三千尺，疑是银河落九天""举头望明月，低头思故乡"等著名诗句，可以说几乎融进了每一个中国人的血液中。但要说到李白在书法方面的成就，可能很多人都不了解。那么，作为一代草圣张旭的弟子的李白，他在书法艺术方面到底取得了什么样的成就？他擅长什么书体？是否有书法真迹传世呢？这件国宝级书法《上阳台帖》就是李白的作品。李白的一生创作了 10000 多首诗歌，流传下来的有 1000 首左右。而李白的书法墨迹却只有《上阳台帖》流传到现在，而且是唯一的一幅，弥足珍贵，今天这幅墨宝就收藏在北京故宫博物院。那么，作为李白唯一一件传世墨迹，《上阳台帖》究竟是一幅什么样的书法作品？书写的又是什么内容呢？

　　唐天宝三载，公元 744 年，李白邀好友杜甫、高适同游王屋山，并寻访阳台观的道长司马承祯，到达阳台观后，得知司马承祯已经仙逝了。无缘得见老朋友，却看到司马道长留下的巨幅壁画，看着这幅气势雄伟的山水巨作，李白有感而发，就写下了流传千古的书法绝唱——《上阳台帖》。

　　　　山高水长，物象千万。

　　　　非有老笔，清壮何穷。

　　　　款识：十八日，上阳台书，太白。

　　《上阳台帖》，纵 28.5 厘米，横 38.1 厘米。全帖共 5 行 25 个字。是李白书写的四言诗，也是他唯一传世的书法真迹。诗的前两句，李白描绘了司马承祯壁画中的王屋山景象，高山流水，气象万千。后两句就是赞扬司马承祯在绘画方面的修养，李白认为只有道行高深、笔法老辣的画家才能描绘出王屋山的清幽壮美来。《上阳台帖》用笔纵放自如，于苍劲中见挺秀，字的结体也顾盼有情。书法的总体面貌呈现出典型的盛唐气象。从《上阳台帖》来看，李白和道长司马承祯有着深厚的友谊，那么李白本人是否与道教也有什么联系呢？再有，我们诵读李白，他的诗飘逸洒脱，充满了雄奇的想象和大胆的夸张，甚至处处带有游仙的味道，这是否受到道教思想的影响？其实可以说李白的这一生，无论从人生阅历还是他的诗歌和书法创作，都与道教密不可分。

李白信奉道教，与他生活的大背景有重要联系。唐王朝统治者心胸开阔，儒、释、道三教并行，对这三种宗教都相当尊重，但是最受皇家重视的教派却是道教。为什么呢？大家知道，道教是中国土生土长的一个宗教，道家尊奉春秋时期的老子为太上老君，尊其为道教的创始人。老子姓李，名耳，所以，唐高祖李渊为了美化唐皇室，巩固自己的统治，给自己脸上贴金，就向天下宣布老子李耳是他的祖先，并把道教尊奉为国教。而且在儒、释、道三教中，道教排在第一位，儒教排第二，佛教排在最后。由此来看，道教在唐朝的重要性就不言而喻了。

在李白的一生中，是道教主导了他的人生观和诗词创作理念。他云游天下，结交了许多道士和修道之人。这其中有4位道教高人对他影响深远，他们分别是东岩子、元丹丘、司马承祯和玉真公主。

李白祖籍甘肃陇西，公元701年出生于中亚碎叶河畔，也就是今天的吉尔吉斯斯坦一带。李白5岁的时候，随父亲李客迁居到四川江油的青莲乡，所以又号青莲居士。童年李白聪明伶俐，在他父亲的指导下苦读诗书。李白15岁学习剑术、学写文章并开始接触道教，在他

玉真公主塑像

18 岁这一年，跟随一位著名的隐士东岩子修炼道术，并学习帝王学和纵横术。这位东岩子本名赵蕤，号东岩子，是唐代杰出的道家与纵横家，著有谋略全书《长短经》。东岩子是李白接触到的第一位道教老师。他的道家思想和豪侠仗义的性格也是在东岩子的影响下形成的。

之后，在四川，年轻的李白又结识了另外一位影响他一生的道人元丹丘。元丹丘是谁？李白的著名诗篇《将进酒》曾有名句："岑夫子，丹丘生，将进酒，杯莫停。"诗里所说的丹丘生，就是元丹丘。李白这一生光写给元丹丘的诗作就多达十几首，由此可以看出他们的友谊确实不同寻常。元丹丘是李白交往最密切的一名道士，也是相交一生的好友。公元 725 年，24 岁的李白认为大丈夫应当志在四方。

乃仗剑去国，辞亲远游。

——李白《上安州裴长史书》

李白告别四川，跟随元丹丘云游天下，以寻找机遇来施展自己的政治抱负。李白乘船沿长江出三峡一路向东，在江上写下了著名的诗篇：

朝辞白帝彩云间，千里江陵一日还。

两岸猿声啼不住，轻舟已过万重山。

——李白《早发白帝城》

诗中提到的江陵，就是今天的湖北省荆州市。在江陵，经元丹丘的引荐，李白结识了他人生中的第三位道友司马承祯。司马承祯，河南温县人，出生于 647 年，是道教上清派茅山宗的重要传人。司马承祯不仅道行深厚，文采飞扬，而且能书善画、出口成章，先后被武则天、唐睿宗李旦召入宫内讲经。后来更是受到了唐玄宗的礼遇，开元年间，司马承祯已拥有帝王师的至高无上的名位。当须眉皆白的道长司马承祯见到 24 岁的李白的时候，看他器宇轩昂、举止不凡，又读他的诗文更是才气逼人，不禁连连赞叹李白有"仙根"，并夸奖他：

> 有仙风道骨，可与神游八极之表。
> ——李白《大鹏赋序》

李白与司马承祯从此结为忘年交，不断有诗赋唱和往来，司马承祯还把李白列为他的"仙宗十友"之一。与道长司马承祯的结识，可以说改变了李白的人生走向，这也引出了第四位道教贵人——玉真公主。

玉真公主是什么身份？她可是大有来头，是唐玄宗的亲妹妹，笃信道教，唐玄宗时期出家，法号无上真人，持盈法师。后来唐玄宗就让玉真公主跟随司马承祯学道。开元十五年（727），唐玄宗下诏在河南济源王屋山为司马承祯建造阳台观，还亲笔为这座道观赐题。

李白自幼就怀有宏大的志向，他精通儒、释、道三家，有经世之能，报国之志。过去的读书人都有"学好文武艺，货与帝王家"的朴素想法，李白也不例外，他想通过积极入世的方式来实现自己的政治理想。那么，在唐朝要想做官，都有哪些途径呢？主要有两条途径：

> 1. 科举入仕。
> 2. 由地方政府或社会知名人士推荐。

李白学富五车，在诗歌上的造诣可以说无人能比，按说完全可以通过科考一举成名，但他却并没有走这条道路，为什么呢？据推测，这大概和他出身商人之家有极大的关系，李白的家庭非常富有，他的父亲李客应当是一名商人。唐朝重农轻商，商人子弟是不允许通过科举入仕的。所以，李白要想实现政治抱负，也只有走名士举荐这一条路了。李白通过元丹丘和司马承祯结识了皇帝的妹妹玉真公主，这可是最重要的一个推荐人。果然在玉真公主的推举下，742 年，唐玄宗在长安召见了李白，授给他"翰林供奉"一职。

李白在长安期间，虽然得到唐玄宗的礼遇，但是他在政治上根本没有得到重用，为什么呢？因为他所担任的职务只是陪皇帝游戏诗文的"翰林供奉"。皇帝用他手中的笔不是来指点江山，而仅仅是用来粉饰太平。这与李白济世报国的初衷显然不同，自己的政治理想看来根本没有办法实现。慢慢地，他对这份工作失去了新鲜感，再加上李白桀骜不驯的个性，使他和翰林院的同僚们格格不入。比如传闻他醉酒后曾令高力士脱靴、杨贵妃研墨，虽然不一定是史实，但这也至少从侧面反映出李白傲视权贵、狂放不羁的秉性。所以这种性格也使他很难在宫中待下去了。

大约在 744 年，由于被奸臣诬告，唐玄宗解除了李白翰林供奉的职务，"赐金还山"，也就是让李白退休回家。无限落寞的李白离开了长安，和他的好友杜甫、高适结伴沿黄河一路东游。当李白三人来到王屋山阳台观的时候，司马承祯已经羽化成仙了，面对着司马道长留下的山水壁画，李白挥笔写下了《上阳台帖》，以表达对道长的思念之情。

前面，我们介绍了诗人李白与道教的关系，并给大家介绍了李白为什么创作《上阳台帖》这件书法作品。那么李白的《上阳台帖》诞生于 1200 多年前的大唐盛世，它又是怎样流传到今天的呢？下面，就来了解一下李白《上阳台帖》的流传历史。

## 二、水墨太白

李白为人豪爽，每到一处，诗兴一来便奋笔疾书，随写随丢或者随便送人，所以他的书法作品应该有很多流传到世上。到北宋的时候，李白的书法真迹存世还很多。比如北宋的书法家黄庭坚在朋友家里看到一卷李白的诗稿，对他的书法大加赞扬：

　　及观其稿书，大类其诗，弥使人远想慨然。白在开元、至德

间，不以能书传，今其行草，殊不减古人。

　　　　　　　　　　　　　　　　——黄庭坚《题李白诗草后》


　　意思是说，当看到李白亲笔题写的诗稿，字体潇洒，字如其人，字如其文，不禁让人回想起大唐盛世的繁华。李白在唐代开元和至德年间，因为诗的名声太大，所以就把书法的光彩给遮盖了。今天看到他的诗稿，在书法造诣上一点也不输给古人。

　　至于李白《上阳台帖》的流传历史，真正见于史书记载，还是宋徽宗时期。徽宗收到《上阳台帖》后，就用瘦金体书写下了"唐李太白上阳台"的题签。在帖后，宋徽宗还写了一段长跋：


　　太白尝作行书，"乘兴踏月，西入酒家，不觉人物两忘，身在

世外"一帖，字画飘逸，豪气雄健，乃知白不特以诗鸣也。


　　在这段跋语中，宋徽宗提到李白所写的另一件行书《乘兴帖》，徽宗称赞《上阳台帖》和《乘兴帖》一样字迹飘逸，气势雄健，慨叹李白的书法和他的诗一样杰出。《乘兴帖》著录在宋徽宗主编的《宣和书谱》中，《宣和书谱》同时还收录了李白的行书《太华峰》、草书《岁时帖》和《咏酒帖》，可惜这些作品后来都失传了。

　　北宋灭亡后，《上阳台帖》就传到了南宋的一位骨灰级的收藏家手中，他就是南宋的著名画家、收藏家赵孟坚。

　　赵孟坚，浙江嘉兴人，字子固，宋太祖赵匡胤11世孙。赵孟坚工诗文书法，擅画水墨白描水仙、梅、兰、竹、石。赵孟坚首创墨兰画法，他是中国绘画史上直接用墨画兰草的第一人。

　　另外，赵孟坚还是南宋著名的书画收藏家，据说他兴致来的时候，就用船载着收藏的书画文物，在河中任意游走，吟诗作画，鉴赏书画古玩。当时人们就称呼这

南宋　赵孟坚《春兰图》

艘船为赵子固"书画船"。赵孟坚收藏古代文物书画已经到了一种痴迷的地步。据说他曾经得到一本珍贵的王羲之《兰亭序》拓本，买到后连夜乘船回家，快上岸的时候遇到大风把船掀翻，来救他的人远远看到，赵孟坚衣服湿透站在水中，手里拿着完好无损的《兰亭序》兴奋地大喊大叫：

> 兰亭在此，余不足介意也。
> ——周密《齐东野语》

意思是说：《兰亭序》完好无损就行了，我个人死活都无所谓。

由此看出，赵孟坚喜爱书画古物可以说到了着魔的程度。《上阳台帖》没有赵孟坚的题跋，不过却留下他的收藏名章"子固"一枚，这方白文印章就盖在宋徽宗题签"唐李太白上阳台"的左下方。赵孟坚之后，《上阳台帖》又辗转流传到南宋权相贾似道手中，贾似道在帖上留下了"秋壑图书"的收藏印章。

到了元朝,《上阳台帖》又归收藏家张晏所有。张晏是元代的高官,封魏国公,同时又是著名的收藏家,唐朝草书大家怀素的《食鱼帖》和号称"天下第二行书"的颜真卿《祭侄文稿》都曾经是他的藏品。张晏作为元代著名的文学家,对诗仙李白的《上阳台帖》是推崇备至。他得到《上阳台帖》后题下长跋:

> 谪仙书传世绝少,尝云:欧、虞、褚、陆真书奴耳。自以流出于胸中,非若他人积习可到。观其飘飘然有凌云之态,高出尘寰,得物外之妙。尝遍观晋唐法帖,而忽展此书,不觉令人清爽。
>
> ——元·张晏

张晏认为,谪仙李白的《上阳台帖》写得风流潇洒、超凡脱俗,和李白相比,唐朝的书法家欧阳询、虞世南、褚遂良和陆柬之等人都是墨守成规的"书奴",专门为写字而写字,毫无才气可言。

明朝,《上阳台帖》曾被收藏家项元汴珍藏。进入清代后先后被梁清标和安岐收藏。安岐去世后,包括西晋陆机的《平复帖》、展子虔的《游春图》和李白的《上阳台帖》等多幅作品进入乾隆内府。乾隆自命为大诗人,他一生写诗43000多首,几乎赶上了整部全唐诗的数量,所以乾隆皇帝对大诗人李白也青眼相看。收

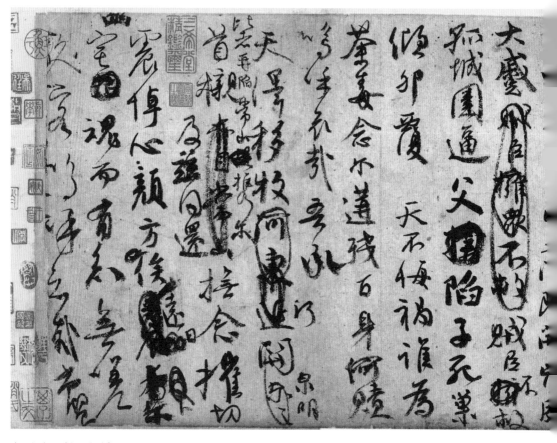

唐　颜真卿《祭侄文稿》

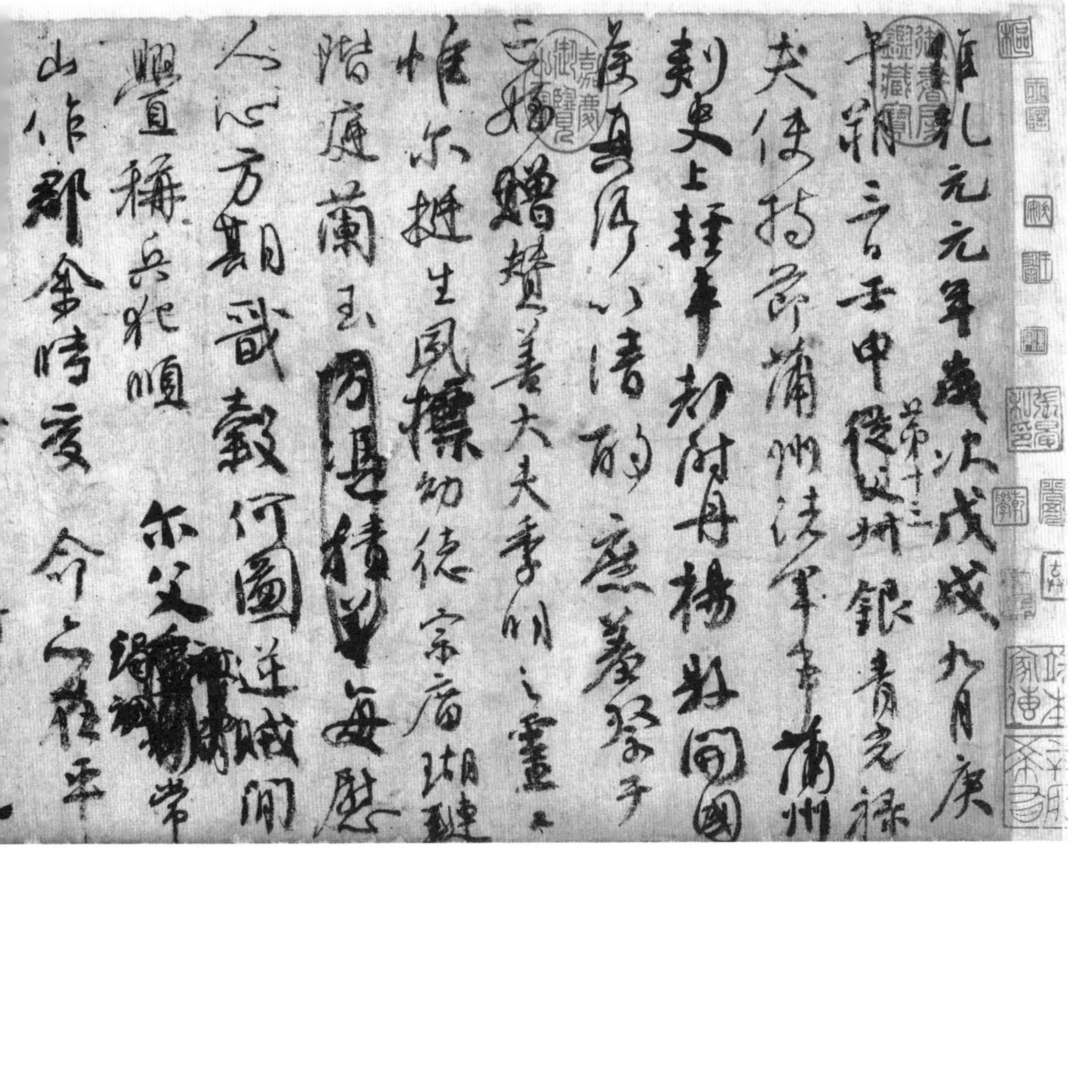

乙元元年歲次戊戌九月庚

申朔三日壬申中使至州銀青光祿

夫使持節蒲州諸軍事蒲州

刺史上柱國劍府舟楊乩回國

慶真厲小清的庶姜翠子

贈贊善大夫季川之靈

惟爾挺生風標幼德宗廟瑚璉

階庭蘭玉万具情每歷

人心方期武載何圖莲賊閒

釁置稱兵犯順　尔父溜測常

山作郡命吏時虔命右陵平

到《上阳台帖》后，乾隆帝在卷首亲笔题写了"青莲逸翰"，还专门对这件书法做了考证题在画卷上。乾隆认为："观其笔气豪逸，非他人所能赝托。"充分肯定这件书法真实可靠，是一般人没有办法做假的，并收入《石渠宝笈初编》一书中。就这样，《上阳台帖》在清宫一直传承到清朝最后一位皇帝溥仪手中。

## 三、上阳永辉

　　上面介绍了李白《上阳台帖》从北宋以来的流传历史，到了乾隆时期，这件墨宝就一直被收藏在清宫内府。我们上一章曾经给大家交代，《上阳台帖》在民国时期曾被张伯驹收藏，那么张伯驹又是如何与这件国宝结缘的呢？要了解这段经历，还得从 1911 年说起。清朝灭亡，溥仪被赶出皇宫，曾将大批的历代国宝级书画偷盗出宫，偷偷带到天津。溥仪到天津后，继续过着骄奢淫逸的生活，因此开支巨大，很快就捉襟见肘，溥仪就把从宫中偷运出来的书画拿出来变卖。包括李白《上阳台帖》等几十件稀世之珍都流落到社会上，后来被一个叫郭葆昌的人买下。郭葆昌，字世五，河北定兴人，早年曾在北京一家古玩店当学徒。郭葆昌为人机警干练，后来给民国大总统袁世凯当差，由于情商高，深得袁的信任。袁世凯称帝的时候，任命郭葆昌担任"陶务总监督"，以袁世凯的年号"洪宪"到景德镇负责烧制"洪宪御瓷"。郭葆昌一共为袁世凯"登基"烧制了三四万件"洪宪御瓷"，这些御瓷设计极为精美，并不比历代皇家"官窑"逊色。但随着袁世凯的皇帝梦破灭，"洪宪御瓷"很大一部分精品都成了郭葆昌的私人藏品，他个人大发了一笔横财。

　　1937 年春天，张伯驹在郭葆昌家里看到了《中秋帖》《伯远帖》和李白的《上阳台帖》，还有明代画家唐伯虎的《孟蜀宫妓图》等一批珍贵书画。张伯驹有意收藏国宝，这批书画最终以 20 万大洋成交。张伯驹先交付 6 万大洋的定金把画拿走，余款答应在一年内付清。

王献之的《中秋帖》和王珣的《伯远帖》，再加上书
圣王羲之的《快雪时晴帖》统称"三希"，是乾隆皇帝
的心爱之物，乾隆把养心殿西暖阁的书房命名为"三希
堂"，专门用来珍藏这三件稀世墨宝。《中秋帖》和《伯
远帖》是如何流出故宫，又是如何被郭葆昌收藏的呢？
目前有两种说法：

1. 清朝灭亡后，溥仪的庶母瑾太妃，
   不知道是什么时间利用什么机会，
   把三希堂里面的《中秋帖》和《伯
   远帖》偷偷占为己有，1924 年，她
   派人到地安门古玩店卖出。
2. 二帖被溥仪偷带出宫，在天津为了
   维持骄奢淫逸的生活，就把包括李
   白《上阳台帖》在内的几十件书画
   文物给偷偷变卖。

但不管是哪种说法，李白的《上阳台帖》和王羲之
的《中秋帖》、王珣的《伯远帖》最终都是被郭葆昌收
藏了。

1937 年夏，七七事变爆发，日本全面侵华，对北
京实行金融封锁，张伯驹被困北京，上海盐业银行的汇
款根本没办法汇过来。再加上他当年购买了陆机的《平
复帖》，花了巨款。第二年，张伯驹被迫将《中秋帖》和
《伯远帖》退还给郭葆昌。这样，余下的李白《上阳台

宋徽宗题签
"唐李太白上阳台"

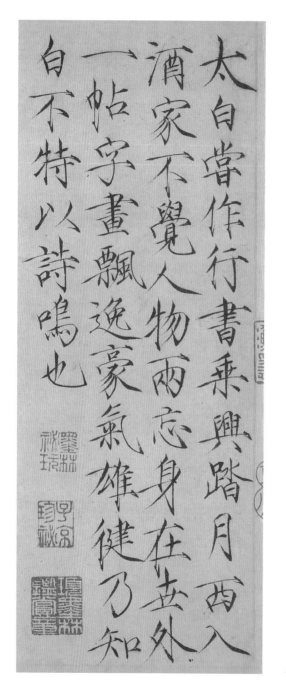

太白嘗作行書乘興踏月西入
酒家不覺人物兩忘身在世外
一帖字畫飄逸豪氣雄健乃知
白不特以詩鳴也

宋徽宗题跋

帖》和唐伯虎《孟蜀宫妓图》等画作就以 6 万元的价格归了张伯驹。

张伯驹被迫把《中秋帖》和《伯远帖》还给郭家后，还闹出了一场声势浩大的政治事件，让当时的国民党要员宋子文非常难堪，这又是怎么回事呢？

抗战胜利后，张伯驹依然对这两件墨宝念念不忘，郭葆昌已于 1942 年去世，他的儿子郭昭俊继承了收藏。张伯驹就托人找到郭昭俊，希望他转让。郭昭俊开价 1000 两黄金，经过双方多次协商，郭昭俊坚持不降价，张伯驹也只能望帖兴叹。

当时，国民党高官宋子文来北京视察，郭昭俊为了在政府里谋个好的职务，他就通过关系，把《中秋帖》和《伯远帖》送给了宋子文。张伯驹听到这个消息后，就写了一篇《故宫散佚书画见闻记》刊登在《新民晚报》副刊《造型》上，揭露宋子文受贿丑闻。宋子文迫于社会压力，将二帖退还给了郭昭俊。

1949 年，郭昭俊把《中秋帖》《伯远帖》带到台湾，后急于用钱，就把两件墨宝抵押到香港的一家英国银行。张伯驹得到消息后，连忙给国家文物局局长郑振铎写信，建议由国家收回，因为款项巨大，最后得到周恩来总理的特批。1951 年，国家文物局以 27 万人民币的价格最终将《中秋帖》和《伯远帖》购回，收藏在北京故宫博物院。张伯驹得知"二希"回归的消息，激动不已，他专门跟国家文物局写信，要求看一眼这两件失而复得的国宝。当张伯驹于故宫再次见到这两位"老朋友"时感慨万千，同时新政府全力保护国家珍贵文化遗产的态度，也给张伯驹的内心带来很大的震动。20 世纪 50 年代，张伯驹相继把从郭葆昌手中买到的李白《上阳台帖》、唐伯虎《孟蜀宫妓图》等多幅国宝捐献给国家。

《上阳台帖》，因为宋徽宗之前的流传信息不明确，所以也有鉴定家对它的真实性产生怀疑，有人认为是唐朝一个同样叫"太白"的人写的，也有人干脆就判定是宋朝人的墨迹。那么今天又是根据什么来认定《上阳台帖》就是李白的真迹呢？

书画鉴定大家启功经过多年考证，断定《上阳台帖》就是李白真迹无疑。启功并亲切地称呼《上阳台帖》为"肉迹"。这个称呼非常形象，就是说《上阳台帖》仿佛就是诗人李白的化身，见帖就像见到李白本人一样。同时启功又列出四条重要的理由：

1. 宋徽宗的鉴定意见极为重要，徽宗离李白生活的时代仅有三百多年，就像我们今天鉴定明朝晚期的书法一样，并不困难。

2. 南宋鉴定家赵孟坚等人的鉴定意见也有重要参考价值。

3. 从书法的时代风格上看，《上阳台帖》和李白老师张旭的《肚疼帖》以及颜真卿的《刘中使帖》笔迹接近，时代风格明显。

4. 经反复鉴定，"太白"这两个字是用毛笔写出来的，和全文的书写方式一致，并没有任何勾摹的痕迹，不是后添款。

所以，从以上这四个方面，启功断定《上阳台帖》就是诗仙李白唯一传世的书法真迹。

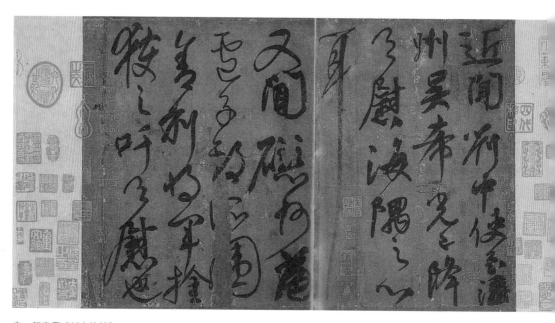

唐　颜真卿《刘中使帖》

烈士击玉壶，壮心惜暮年。（李白《玉壶吟》）李白因为常年喝酒、吃仙丹，身体变得极度虚弱，大约在公元 761 年，漂泊了大半生的李白有点走不动了，他来到安徽当涂，投靠他的族叔、唐代著名篆书大家李阳冰。李白半生蹉跎，他经历过开元盛世、安史之乱，更经历过流放夜郎的悲惨境遇，享尽了世间的繁华，也饱尝了人生的落寞，李白累了，他想停下来歇一歇。据说，李白一次在长江边采石矶饮酒，酒醉后竟天真地跳到江中捞月亮，不幸淹死。

"酒入豪肠，七分酿成了月光，余下的三分啸成剑气。"李白乘着这股剑气和月光最终羽化成仙。关于李白的去世有多种说法，但因捞月而死的传说，更接近李白的浪漫气息，也增添了几分神秘色彩，给后人留下无限的诗意和猜想。大家宁愿相信，谪仙李白真的是手攀月光，羽化升天了。

李白是我国伟大的浪漫主义诗人，虽然他一生的政治抱负未能实现，但留下来的 1000 多首诗歌，带领后人在铿锵的韵律中梦回大唐，去感悟大唐的盛世与繁华。李白唯一保存下来的这幅书法真迹《上阳台帖》，也必将和他的诗歌一起流芳万世。

李白生活的唐朝是一个诗歌的王朝，他被誉为唐代最杰出的浪漫主义诗人。李白出生 11 年后，唐朝又诞生了一位伟大的现实主义诗人，就是"诗圣"杜甫。李白与杜甫是唐代诗坛上的两座高峰，人称李杜，又称"大李杜"。为什么称"大李杜"呢？因为在李白、杜甫之后的晚唐诗坛上，又诞生了两位李姓和杜姓的诗人，一位是李商隐，另外一位就是杜牧，又称"小李杜"。唐朝是我国诗歌发展的鼎盛时代，光《全唐诗》就留下了 2800 多位诗人近 5 万首诗歌。在这众多的诗人中，有书法墨迹传世且保存在国内的，除了李白以外，还有杜牧。而杜牧的这件唯一传世的书法，又被张伯驹幸运地收藏到手。得到这件作品曾让张伯驹痴迷忘情，甚至一连多日同床共眠。那么这是一件什么样的书法，竟然有如此的魅力？

隋堤柳沿隋垂相見

渌豈曾爐堪裝器

問事少年今白頸拓

朋遊今往書嚴

便社友門館悵矣後

水雲無景初斜日

# 杜牧情歌

## 张好好

## 第六章

## 一、书画浩劫

张伯驹是民国时期的书画收藏大家，他花费巨资收藏、保护了 100 多件历代珍贵书画，这些书画绝大部分出自清宫内府的收藏，毫不夸张地说件件都是国宝。在这众多的国宝当中，张伯驹曾选出最喜欢的三件，把它们看作宝中宝。第一件是西晋陆机的《平复帖》，第二件是隋代展子虔的《游春图》，第三件就是晚唐著名诗人杜牧唯一一件传世书法真迹《张好好诗》。这三件国宝都是清宫旧藏，前两件已经做过详细的介绍，那么《张好好诗》又是如何从清宫流落到社会上的？说起杜牧的这件书法作品外流，还是源于民国时期长春的那场"小白楼书画浩劫"。其实在中国的历史长河中，书画文物遭遇过数不清的劫难，每一件书画能流传到今天都是经历过九死一生，现在就简单梳理一下中国古代书画收藏和流散历史。

中国书画艺术在汉代已经发展得非常成熟了，书画收藏活动也相应产生。2000多年来，因为战乱和水火等原因，许多优秀艺术品都毁坏了，能够流传到现在的书画作品是少之又少。所以在中国艺术史上，收藏保护和毁坏是同时并存的。如果来仔细阅读一下中国书画的收藏史，就会发现，它同时也是一部记录中国古代书画被毁灭的灾难史。那么，中国书画在历史上到底经历过多少次大的劫难呢？据史料记载，大概共发生过四次特大书画被毁灭的浩劫。

第一次发生在南北朝时期，当时的梁元帝萧绎，是一位超级文艺青年，他本人也是冠绝一时的画家，还写有绘画理论文章《山水松石格》。萧绎当上皇帝后，更加狂热地搜求古今书画，皇宫内府的收藏远远超过前代。公元 554 年，梁的首都江陵（今荆州）被西魏大将于谨包围，在城门失守之前，萧绎竟丧心病狂地命令大臣高善宝，把他收集的历朝书法名画和图书典籍 24 万余卷一把火烧毁。看着挚爱的藏品瞬间变成了一堆熊熊大火，萧绎竟然要跳进火里与心爱的宝物同归于尽，被身边人强行拉了回来。萧绎痛苦不堪，大声哀叹：

儒雅之道，今夜穷矣！

——张彦远《历代名画记》

那么，梁元帝萧绎到底都烧毁了哪些珍贵书画？据唐朝张怀瓘《二王等书录》记载：

二王书大凡一万五千纸，元皇帝狂悖，焚烧将尽。

——张怀瓘《二王等书录》

萧绎的一把大火，竟然把王羲之和王献之父子二人的书法真迹烧毁了15000多件，这个昏庸的皇帝制造了中国艺术史上毁灭性的惨案，这也是书画名作遭受到的最大一次浩劫。据说大将于谨从烧过的灰烬中还挑拣出4000多卷书画。这是中国书画遭受的第一次特大劫难。

第二次发生在隋朝，隋文帝杨坚，搜罗历代名画800多卷，他还在东都洛阳观文殿后面，修建了妙楷台和宝迹台，分别储藏书法和名画。他的儿子隋炀帝杨广，于公元616年巡幸扬州，为了欣赏方便，宫里的书画也专门装了一船随行，没想到，船在大运河遇险沉没，据说绝大部分书画永远葬身水底。这是中国书画遭受的第二次特大浩劫。

公元618年，唐王朝建立。大唐王朝是我国文化艺术空前繁荣的时期，书画收藏风气更盛。公元622年，李世民还是秦王时，他率兵打败了王世充、窦建德，这两人内府收藏的书画精品全部归了李世民，李世民就让一位叫宋遵贵的大臣用船护送这批书画到长安。船沿着黄河逆流而上，当行驶到三门峡以东一个叫砥柱的地方，因为水流湍急，大船被河水吞没，整船的书画珍宝遭遇覆灭之灾。最后经过抢救，保存下来的不过1/10。这就是中国书画遭受到的第三次大劫难。

第四次则发生在清末到民国时期，前面已经介绍过，英法联军和八国联军曾抢劫焚烧过大批清宫旧藏书画，但损毁最大的一次，却是"小白楼书画浩劫"。1924 年，溥仪携带从宫内偷窃的大批国宝级字画、图书来到天津。据书画鉴定家杨仁凯考证，当时偷运到天津的字画图书有：

1. 书法绘画 1300 件，约 30 箱。
2. 书法名画册页 40 件，共 4 箱。
3. 书画挂轴 31 件，共 1 箱。
4. 宋元版图书 200 部，共 31 箱。
5. 清武英殿版图书，共 3 箱。

1932 年，溥仪到吉林当了伪满洲国皇帝，日本人为了控制溥仪，让他死心塌地地当儿皇帝，就把存放在天津的这批国宝运到长春伪皇宫。1945 年 8 月，日本战败前夕，伪满皇帝溥仪仓皇逃往通化大栗子沟，留在长春伪皇宫"小白楼"里的 1000 多件历代珍贵书画，在很短时间内，就被留守的伪满士兵抢劫一空。部分珍品直到今天还下落不明。

在参与抢劫的伪满士兵中，金香蕙和王学安因为上过学有点文化，他们抢劫的书画最多，品质也好。金香蕙是辽宁盖县人，参加伪军前曾在家乡当过小学美术教员，对书画知识有相当的了解，所以在"小白楼"里抢了不少珍贵书画。这批赃物除了部分被出售以外，绝大部分都被他带回盖县老家。土改的时候，金香蕙的老婆因为对政策不了解，害怕这些文物给家里带来灾祸，竟然偷偷地把这批国宝全部扔进土炕，当柴火给烧了。几千年的民族文化瑰宝，就这样被这个愚昧无知的婆娘一把火化为了灰烬。那么，都有哪些重要的国宝被烧毁呢？就目前所知，简单列举几件：东晋王羲之的《二谢帖》（祖本），南宋抗金英雄岳飞、文天祥的书法合卷，南宋画龙大家陈容的《六龙图》，还有明代著名的"吴门四家"沈周和文徵明绘画各一卷。

王学安虽然没有把他所抢劫的书画焚烧，但却一股脑儿把这些宋元名迹埋进了

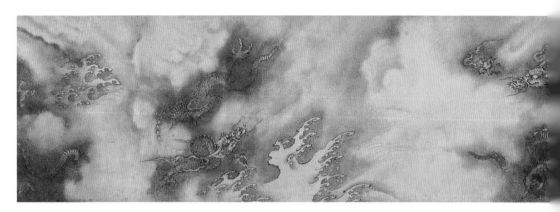

南宋　陈容《六龙图》（局部）

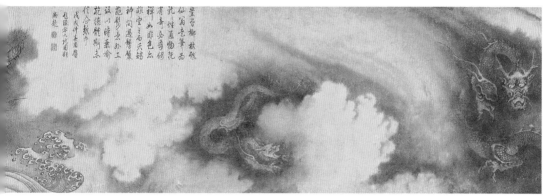

地下，等待机会，再做处理。

这就是我国书画收藏史上的第四次特大浩劫。

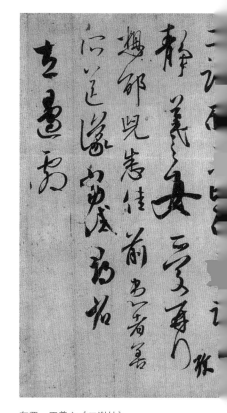

东晋　王羲之《二谢帖》

## 二、情系好好

"小白楼书画浩劫"发生后，长春还处于混乱之中，一部分等着用钱的伪军就拿着这些抢来的书画古籍，在长春的大街上摆摊叫卖，价格非常低廉。这个消息也很快传到了北京琉璃厂，最先来到长春收购书画的，就是张伯驹的老朋友、琉璃厂墨宝斋的掌柜马宝山。1946年春，马宝山来到长春，他在当地的报纸上刊登广告，公开高价收购"小白楼"流散书画。

王学安也看到了报上的消息，连忙挖掘自己埋在地下的那批书画。王学安到底埋了多少珍贵书画呢？据文物鉴定家杨仁恺考证，王学安先后把几十件唐宋书画埋入地下。这其中包括唐明皇李隆基行楷书法《毛应佺知恤诏卷》、南宋理学家朱熹手书《奉同张敬夫城南二十咏》、元末王绂的《湖山书屋图》、明初浙派绘画开山鼻祖戴进的《达摩至慧能六代祖师图》，除此之外，还有最为重要的一件书法孤品，就是晚唐诗人杜牧唯一传世书法真迹《张好好诗》。由于地下潮湿，这批书画被腐蚀损坏严重，杜牧的《张好好诗》被挖出来的时候纸面已经长满了霉点，有的地方还被地下水侵蚀，不过幸运的是，《张好好诗》用的是唐朝的白麻纸，这种纸张纤维坚韧，抗腐蚀性较强，只是部分损坏。

长春"小白楼"流散书画大量涌现，吸引了北京琉璃厂众多书画商组团前来淘宝，琉璃厂论文斋的老板靳伯声也是最早赶到东北的书画商之一。靳伯声是河北香河人，民国时期的书画商，为人圆滑，善于经营，能书会画，鉴定字画的眼力也不错，至今他联合国画大家张大千制作、销售假画的故事还在收藏界流传。

张大千是著名画家，被徐悲鸿称赞为"五百年来一大千"，他在民国画坛未出名之前，就以伪造古代书画声名远扬。张大千是公认的造假高手，仿造的古画常常能瞒天过海，让人难辨真假，尤其是仿造明代八大山人、石涛等人的画作，确实达到了以假乱真的程度。比如，张大千伪造的第一幅石涛的山水画，竟然把当时的一位画坛大家给蒙骗了。这位大家是谁呢？他就是山水画大师黄宾虹。事情起因源于张大千的老师李瑞清，李瑞清在黄宾虹家看到一幅明代石涛的山水画精品，李瑞清非常喜欢，恳请黄宾虹把这幅画转让，但是黄宾虹却舍不得。有一次李瑞清带着弟子张大千去拜访黄宾虹，回来后，张大千根据记忆把石涛的山水画临摹了一幅。没想到，黄宾虹看到这幅画后，认为李瑞清收藏的这幅石涛"真迹"比自己的那幅还要精美，就执意拿自己的真石涛把这件张大千画的假石涛给换走了。张大千看自己伪造的假石涛竟然把前辈收藏家给蒙骗了，于是，就开始了作伪古书画。那一年，张大千才 21 岁。

靳伯声在天津的时候就和张大千认识了，那个时候

唐明皇李隆基《毛应佺知恤诏卷》

就没少贩卖张大千制造的假画，他人生的第一桶金就是通过张大千的假画淘来的。

　　发了财的靳伯声从天津来到北京，盘下了琉璃厂的书画店论文斋，继续做着真真假假的书画生意。在北京，张大千临摹仿造的假八大山人、假石涛通过靳伯声之手，或公开或私下没少卖出去，这也让不少京城老牌收藏家上当受骗。比如，著名画家陈半丁就曾买到过这样一件假石涛。陈半丁是浙江人，自幼学习诗文书画，是国画大师吴昌硕的弟子，后来任教于北平艺专，是民国时期北京画坛的大佬级人物。20世纪20年代末的一天，陈半丁盛邀画坛名流举办雅集。为什么要举办雅集？原来，陈半丁刚刚买到了一套石涛山水册页，非常高兴，就盛邀画坛名流来鉴赏分享。张大千也参加了聚会。当时张大千在画坛崭露头角，陈半丁还不太了解他，所以就把他的座次安排得比较靠后，张大千认为自己受到了冷落，心中很是不高兴。当陈半丁取出新收的石涛山水册页，刚打开第一页让大家欣赏品评的时候，张大千一看这不是自己仿的画吗？年轻气盛的张大千站起来说道：这石涛是我画的，并准确地说出每一页画的内容，这让陈半丁和在座的京城名家都尴尬不已，张大千却从此名扬北京画坛。他自己的画作有了市场，从此金盆洗手不再作假。靳伯声也开始经营张大千本人的绘画，总之，靳伯声通过张大千没少赚钱，这也使他在琉璃厂最终站稳了脚跟。

再说靳伯声来到东北后，就幸运地买到了王学安刚刚从地下挖出来的国宝——唐朝诗人、文学家杜牧的行书《张好好诗》。《张好好诗》，纵28.2厘米，横162厘米，是用四张唐朝的白麻纸拼接而成，一共有48行。精通文墨的靳伯声得到这件墨宝后心中狂喜，因为他知道这是晚唐杰出诗人杜牧唯一一件传世真迹，可谓价值连城。那么，这幅书法作品究竟写的什么内容？说起杜牧的《张好好诗》，这其中还暗含了一段哀婉凄美的爱情故事。

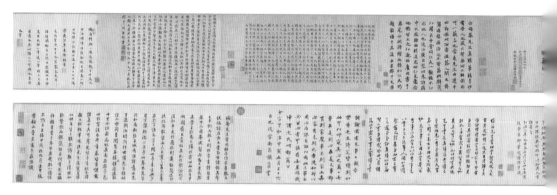

南宋　朱熹《奉同张敬夫城南二十咏》

明　戴进《达摩至慧能六代祖师图》

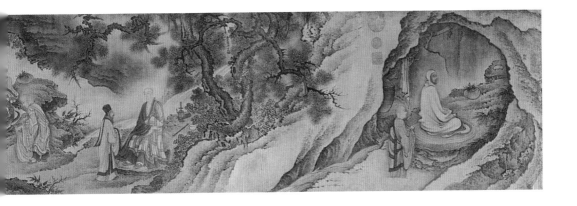

杜牧，出生于公元803年（唐德宗贞元十九年），字牧之，号樊川居士，京兆万年人，就是今天陕西西安人。杜牧是唐代杰出的诗人、散文家，诗歌以七言绝句著称，诗的内容主要抒怀咏史，在晚唐诗坛成就很高，比如"南朝四百八十寺，多少楼台烟雨中""远上寒山石径斜，白云生处有人家""东风不与周郎便，铜雀春深锁二乔"等著名诗句广为传诵。为了与杜甫区别，人称杜牧为"小杜"，他又与李商隐并称为"小李杜"。

杜牧的祖父是宰相杜佑。杜佑是唐代著名的政治家、史学家，他用了36年的时间编成200卷《通典》巨著。《通典》叙述了历代典章制度的沿革变迁，创立史书编纂的新体裁，开创了典章制度专史的先河。杜牧出生在世代簪缨之家，他从小就生活在一个"第中无一物，万卷书满堂"（杜牧《冬至日寄小侄阿宜诗》）的家庭里，所以早年就受到极好的教育。杜牧少年时期就有很大的抱负，在23岁的时候就写成了千古名篇《阿房宫赋》。26岁参加科考，高中进士第五名，同年考中贤良方正能直言极谏科，授弘文馆校书郎，从此跨进了仕途。当年十月，沈传师出任江西观察使，杜牧就跟随沈传师来到江西，在他的幕府中担任文字秘书。这位沈传师可不是一般的人物，他是著名的书法家，擅长楷、隶、行、草等书体，他的书法给柳公权创立"柳体"提供了宝贵的经验，还同时直接影响了北宋两位著名书法家。哪两位？一位是米芾，另一位就是一代奸相蔡京。唐朝的官员有家养歌妓的风气，诗书风流的沈传师也养了一班歌妓，

北宋米芾像

其中最有名的就是张好好。张好好当年才 13 岁，生得容颜娇美，乐技高超。风流儒雅的杜牧和张好好一见钟情，才子佳人，本应该留下一段佳话。不料还没等到杜牧向张好好表白这份感情，沈传师的弟弟沈述师却率先看中了张好好，沈述师捷足先登，很快就纳张好好为妾。杜牧听到消息后痛心疾首，追悔莫及，最终没能娶到心爱的女子，只能任落花流水，空留余恨。

大约在大和九年（835）秋天，杜牧被调到东都洛阳做官，在一家小酒铺里意外遇到了张好好。原来，沈述师娶了张好好没到两年就移情别恋了，年仅 18 岁的张好好被沈述师无情抛弃后，竟然沦落到以卖酒为生。过往的一切都物是人非，杜牧感旧伤怀，就含泪写成这首五言长诗赠给张好好。

诗前的序中，作者回忆了与张好好相识相知的经过。紧接着，诗人就以缠绵悱恻的笔调描写了张好好的天真和善良，以及她超群的舞姿和靓丽的容颜，但这一切都随着沈述师的出现而美梦破灭，事情的转折处，是 5 年以后东都洛阳的这次意外相逢，作者心情沉重地写道：

> 洛阳重相见，婵婵为当炉。

在洛阳重新见到张好好，才不过几年光景，风姿绰约的张好好竟已沦为卖酒女了！

> 斜日挂衰柳，凉风生座隅。
> 洒尽满襟泪，短歌聊一书。

西下的残阳斜挂在一棵衰柳之上，萧瑟的秋风吹着坐在酒馆里形单影只的诗人，诗句伴着心酸的泪水从杜牧的笔下一起流淌出来，杜牧恨不能把这半生对爱情和仕途的不如意，都写进这首诗里。

## 三、好好长好

晚唐杜牧的诗稿《张好好诗》，穿越了 300 年的风雨，流传到了北宋一位著名的书画皇帝手中，这位皇帝就是宋徽宗。宋徽宗是一位画家，也是一位诗人，他对小杜的诗喜爱有加，把他的书法更是当成宝中宝。徽宗用泥金题写了"唐杜牧张好好诗"的题签，并在题签下面盖上双龙玉玺，还在诗稿加盖了"宣和""政和""内府图书"等五枚收藏印章。在宋徽宗主编的《宣和书谱》卷九中，更是称赞杜牧的书法：

> 牧作行、草，气格雄健，与其文章相表里。
>
> ——《宣和书谱》

就是说，杜牧写的行草书，气韵和风格雄浑健美，与他文章的气韵是相统一的。

南宋的时候，《张好好诗》又被一代奸相贾似道收藏，贾似道在手卷上留下"秋壑图书"的收藏印章。到了元代，《张好好诗》被收藏家张金界奴得到，张金界奴是元代的收藏家，身世不可考。《张好好诗》上盖有"张氏珍玩"和"北燕张氏家藏"两方收藏印章。进入明朝，著名的收藏家项元汴收藏到《张好好诗》。项元汴，浙江嘉兴人，明代最为著名的收藏家、鉴赏家、书画家，字子京，号墨林。项元汴曾经得到过一架铁琴，琴上刻有"天籁"这两个字，所以他就把自己的藏书楼命名为"天籁阁"。项元汴出身名门望族，富甲一方。他博雅好古，醉心翰墨，厌倦科举考试，天性不喜欢做官，所以他就把毕生的精力都投入书画图书的收藏和鉴赏之上，比如李白的《上阳台帖》就曾是他的藏品。项元汴得到《张好好诗》后经常拿出来欣赏，他先后在卷上钤盖了"天籁阁""项元汴印""项子京家珍藏""项墨林鉴赏章"和"项墨林父秘笈之印"等十多枚收藏印章。

明代的书画家、鉴赏家董其昌对杜牧在书法艺术上的成就评价很高。董其昌字

宋　贾似道"秋壑图书"印　　　　元　"张氏珍玩"印　　　　元　"北燕张氏家藏"印

明　项元汴印　　　　明　"项子京家珍藏"印　　　　明　"项墨林鉴赏章"印

玄宰，号香光居士，松江华亭人。万历十七年（1589）进士，官至南京礼部尚书。

董其昌善画山水，是山水画"南北宗"的倡导者，"华亭画派"的杰出代表，他的画和画论对明末清初的画坛影响极大。董其昌年轻的时候在项元汴家当过家庭教师，所以他曾有机会多次鉴赏《张好好诗》，董其昌后来摹刻平生所见到的晋唐以来的珍贵墨迹，刻有《戏鸿堂帖》，他还特意把杜牧《张好好诗》收入帖中。董其昌对《张好好诗》非常推崇：

　　牧之书张好好诗，深得六朝人风韵，余所见颜、柳以后，若温飞卿与牧之亦名家也。

　　　　　　　　　　　　　　　　　　　　——董其昌《容台集》

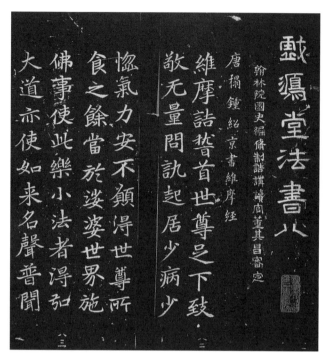

明　董其昌纂《戏鸿堂帖》


　　董其昌说：杜牧的书法，深得六朝人的神韵，书法大家颜真卿和柳公权以后，晚唐真正称得上书家的只有温庭筠和杜牧了。

　　进入清朝，杜牧《张好好诗》归收藏家梁清标所有，当时大将军年羹尧也曾经鉴赏过《张好好诗》，他还在卷上题写了：

　　　　双峰积雪斋年羹尧观。

　　电视剧《雍正王朝》把年羹尧描写成飞扬跋扈的一介武夫，其实年羹尧自幼读书，康熙三十九年（1700）中进士，供职翰林院。还曾多次担任四川、广东乡试考官。年羹尧政务之余，喜爱书画，他珍藏了许多古代书画精品。年羹尧被雍正抄家后，这些书画都被罚没收归内府。

梁清标去世后，《张好好诗》就进入了乾隆内府，被乾隆皇帝收进《石渠宝笈初编》一书中。杜牧的手迹从乾隆朝开始就一直深藏在皇宫，直到溥仪把它带到长春，在"小白楼书画浩劫"中被伪士兵抢走，最终又被琉璃厂书画商人靳伯声买到手。

靳伯声将《张好好诗》带回北京，并没有急着出手，而是秘藏起来待价而沽。1950 年 6 月，时任国家文物局文物处副处长的张珩得到消息，托了很多关系才把《张好好诗》拿到手。关于杜牧的这卷书法，著名文物鉴定家张珩在少年时期就看到过印刷本，印象极深。张珩对这件书法评价也很高：

> 今世所传唐人墨迹，聊聊可数，如此确然无可置疑者，尤若晨星，况又是自书诗稿，经《宣和书谱》著录，传流有绪，真瑰宝也。
>
> ——张珩《木雁斋书画鉴赏笔记》

面对着这件稀世瑰宝，张珩极力建议国家文物局局长郑振铎，希望由故宫购买。当时新中国刚刚成立，国家财政紧张，郑振铎考虑再三，还是决定放弃收购。张珩被迫把《张好好诗》退还给了靳伯声。眼看着国宝不知去向，而自己又没有财力挽留，张珩这个时候就想到了老朋友、大收藏家张伯驹。他把这个消息告诉了张伯驹，希望老友能够留下这件国宝。张伯驹听说消息后，立刻赶往琉璃厂，没想到，《张好好诗》已经被靳伯声让人带到上海兜售去了。张伯驹连忙找到墨宝斋的掌柜马宝山，在马宝山的积极斡旋下，靳伯声从上海追回《张好好诗》，他向张伯驹开价四十两黄金，因为当时政府管制黄金买卖，最后折算成 5000 元人民币，张伯驹才将《张好好诗》收藏到手。

得到了杜牧唯一传世的书法真迹《张好好诗》，张伯驹兴奋不已，甚至一连好几天他都和这卷诗稿同床共眠。张伯驹还对这件书法做了详细的考证：

> 樊川真迹载《宣和书谱》，只有此帖，为右军正宗，五代以
> 前、明皇以后之中唐书体。
>
> ——张伯驹《丛碧书画录》

张伯驹认为，杜牧传世的书法真迹只有《张好好诗》这一件。杜牧是王羲之书法艺术的正宗继承者，这件书法也是标准的五代之前和唐玄宗之后代表书体。

张伯驹在手卷上盖上了"京兆"和"张伯驹珍藏印"等收藏印章，夫人潘素也第一次在丈夫的收藏品上加盖了自己的名章"吴郡潘素"。

张伯驹收藏古今书画众多，但他却把杜牧的《张好好诗》和陆机的《平复帖》以及展子虔的《游春图》看作他平生最得意的三件藏品。所以他还特意浓墨重彩地填词《扬州慢》，跋在《张好好诗》卷尾以抒怀：

> 秋碧传真，戏鸿留影，黛螺写出温柔。喜珊瑚网得，算筑屋
> 难酬。早惊见、人间尤物，洛阳重遇，遮面还羞。等天涯迟暮，
> 琵琶溢浦江头。
>
> 盛元法曲，记当时、诗酒狂游。想落魄江湖，三生薄幸，一
> 段风流。我亦五陵年少，如今是、梦醒青楼。奈腰缠输尽，空思
> 骑鹤扬州。

十年一觉扬州梦，赢得青楼薄幸名。公元852年，50岁的杜牧重病缠身，自知将不久于人世，执笔为自己写好墓志铭。杜牧一生郁郁不得志，回望50年人生路，人生苦短，事业落魄，不由悲从中来，他也许不想让后人更多地了解自己的失落与心酸，一把火烧掉了绝大部分诗稿。但幸运的是，他感怀追思歌妓张好好的书

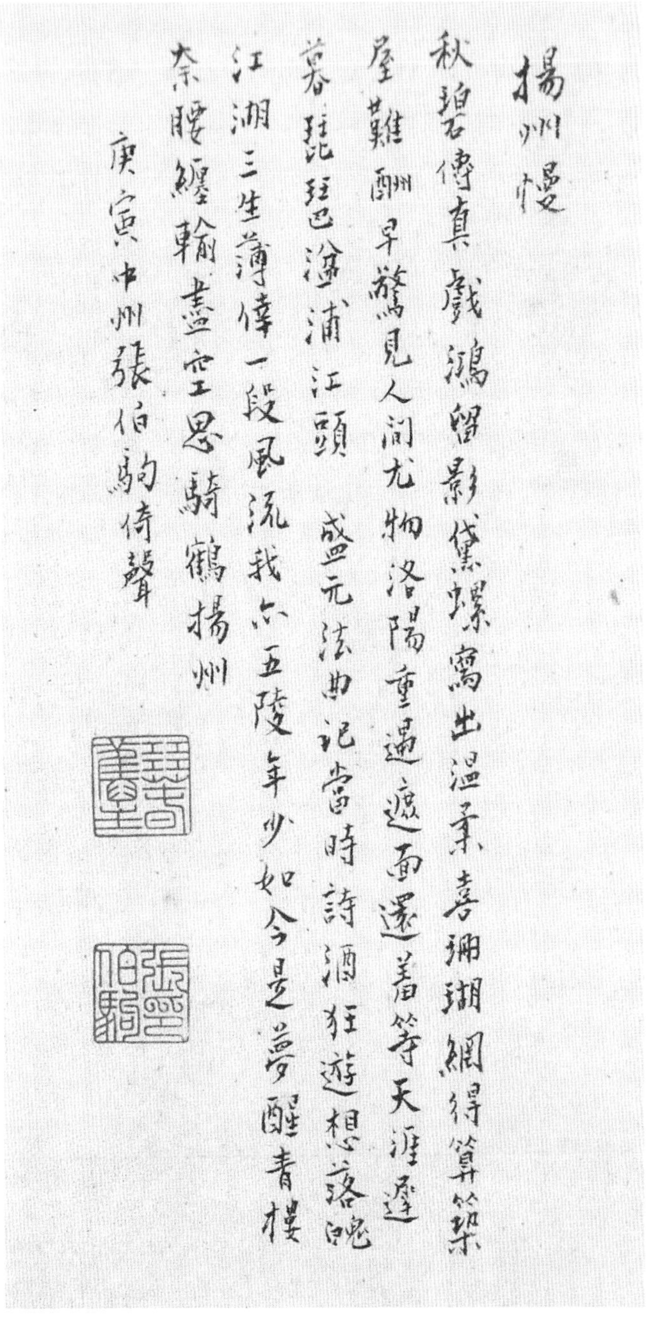

扬州慢

秋碧傳真　戲鴻留影　黛螺寫出溫柔　喜珊瑚網得　算緱屋難酬　早驚見人間尤物　洛陽重遇邊還著等天涯遶　菩薩琵琶溢浦江頭　盛元法曲記當時　詩酒狂遊　想落魄江湖三生薄倖　一段風流我　六五陵年少如今是　夢醒青樓　奈腰纏輸盡空思騎鶴揚州

庚寅中州張伯駒倚聲

张伯驹题跋《扬州慢》

法却机缘巧合，几乎完好无损地保存了下来。杜牧病逝后，传说歌妓张好好来到墓前祭奠，因为哀伤过度，就在杜牧的坟前自杀殉情。大多数人都有"有情人终成眷属"的情结，这个结尾很可能就是后人寄托的一种美好愿望，大家更愿意相信，张好好真的为情而死，让她与杜牧的爱情故事有了一个凄美的结局。

斯人已去，千年回响，今天当我们在诵读"小杜"诗歌的时候，再来欣赏这篇气势连绵的《张好好诗》墨迹，透过书法，仿佛看到一位立体的诗人杜牧又英姿飒爽地站在我们面前，引领我们去重温和触摸他荡气回肠的一生。

靳伯声在东北不仅买到了国宝《张好好诗》，同时还侥幸将北宋第一名臣的一件书法墨迹低价收购到手，靳伯声同样也把这件作品高价出售给了张伯驹，又发了一笔横财。那么，这位北宋第一名臣是谁？他遗留下来的又是一件什么样的书法作品呢？

## 道服清辉 范仲淹

第七章

道家者流 木裳楚楚 君子服之 逍遥是与

虚白之室 可以居处 华胥之庭 可以步武

岂无青紫 宠为辱主 岂无狐貉 骄为祸府

## 一、北宋名臣

1946 年的一天，张大千匆匆忙忙从上海赶到北京，一到北京就直奔琉璃厂，他来到琉璃厂的论文斋，要找老板靳伯声，可是靳伯声却让店伙计撒谎，说自己外出，避而不见张大千。靳伯声和张大千这两人可是认识多年的朋友，靳伯声早年还是因为贩卖张大千作伪的假画，而淘到人生第一桶金，两人虽然只是生意上的朋友，但毕竟认识多年，不至于闭门不见吧？那么张大千找靳伯声到底有什么事？原来，靳伯声刚从关外购买了一批"东北货"。什么是"东北货"呢？就是民国时期琉璃厂书画商对长春"小白楼"流失的清宫旧藏书画文物的简称。我们常说在商言商，靳伯声是一个很有心机的书画商人，这次东北之行收获满满，不但买到了晚唐杰出诗人杜牧的诗稿《张好好诗卷》，而且还幸运地收购到北宋第一名臣的一件重要书法作品，这位北宋第一名臣就是历史上著名的政治家、军事家、文学家范仲淹，这件书法也就是马上要给大家解读的范仲淹的《道服赞》。范仲淹为什么被称为北宋第一名臣呢？要想了解这个称号的由来，还要从范仲淹的政治生涯谈起。

大中祥符七年（1014），宋真宗率领朝中百官去安徽亳州，车马浩荡路过南京，当时的南京就是今天河南商丘。皇帝的到来，可是件百年不遇的大事，轰动了整个南京城，全城的男女老少都争先恐后地出来围观。南京城应天书院的师生也都放下手中的课本，一窝蜂似的挤出校门，这些终日苦读的学生更希望一睹当今皇帝龙颜，期望给自己带来一个好彩头，有朝一日能一举成为天子门生。

什么是"天子门生"？在古代科举考试中，考生被录取后，就尊称主考官员为宗师，自称学生。殿试则是国家最高等级的考试，皇帝为了防止大臣借做主考官的机会扩充自己的门生，互相攀附，结党营私，所以在殿试的时候亲自监考，被录取的进士自然就成为"天子门生"了。说起殿试，早在武则天时期就有过，但这类殿试在唐代并没有形成制度，皇帝偶尔为之，时断时续。到了北宋时候，宋太祖赵匡胤以文官治国，特别重视科考，明确宣布所有礼部考试录取的考生，都必须到皇宫

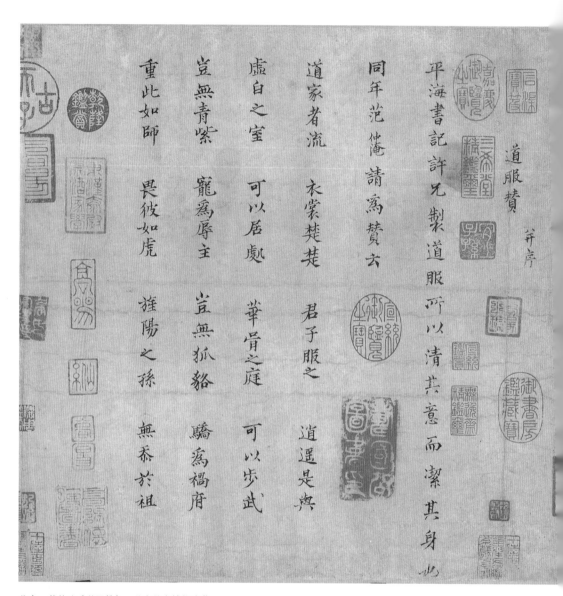

北宋　范仲淹《道服赞》，北京故宫博物院藏

进行复试，由皇帝亲自确定最终名次。于是就形成了一种固定的殿试制度，所以这"天子门生"也就成了每一位寒窗苦读的学子梦寐以求的身份。

面对皇帝的到来，在应天书院的众多学生中，唯有一个青年依然稳如泰山，埋头苦读。有的同学特意跑来劝他：这可是千载难逢的好机会，千万不能错过！但这个年轻的学子却胸有成竹说道："将来在殿试上再见也不晚。"说完继续埋头读书。果然，第二年这位青年就高中了进士，在金銮殿上光明正大地见到了皇帝，真正成为"天子门生"。他就是后来被尊称为北宋第一名臣的范仲淹。人们尊称范仲淹为"北宋第一名臣"，主要是从"文治"和"武功"两方面来考量的。"文治"主要表现在三个方面：

1. 兴修水利。

2. 兴办教育。

3. 犯颜直谏。

"武功"主要表现在安定边疆方面。

先来看一看"文治"：

1. 兴修水利。1015 年春，范仲淹得中进士，从此步入仕途。但他在进入官场后的很长一段时间，在地方上一直担任的都是很小的官吏。范仲淹官位虽小却胸怀天下，他在地方为官时，时刻体察民间疾苦，为国兴利除弊。

范仲淹出身贫寒，两岁丧父，少小家贫，他对百姓生活疾苦感同身受。范仲淹在江苏泰州和兴化任上利用 4 年的时间兴修海堤，解除了当地百姓多年来深受其苦的黄海海潮侵扰的灾害，因海潮侵扰抛荒的土地又恢复了勃勃生机，百姓从此安居乐业，为感念范仲淹，他们就把这道海堤尊称为"范公堤"。

2. 兴办教育。范仲淹主张"劝天下之学，育天下之才"，每到一处就兴修学校，提倡大力办学。他是应天书院的学生，后来又应好友、时任应天知府晏殊的邀请来掌管应天书院。这个晏殊就是写过"无可奈何花落去，似曾相识燕归来"的著名词人。众所周知，中国古代有四大书院，分别是：湖南长沙的岳麓书院、江西九江白鹿洞书院、河南嵩山的嵩阳书院、河南商丘的应天书院。应天书院最早为五代后晋时的楚丘县人杨悫和他的弟子戚同文创办，楚丘县就是今天的山东曹县。范仲淹掌管应天书院后，全国各地的学子都慕名前来求学。在范仲淹的努力下，1043 年，宋仁宗下旨将应天书院这一府学升级为国子监，使之成为北宋的最高学府之一，这也是中国古代书院中唯一一个成为国子监的地方书院，它的地位就相当于今天的社会科学院，所以应天书院被列为中国古代四大书院之首。景祐二年（1035），范仲淹来到他的家乡苏州为官，他在苏州南园买了一块地，准备盖一所住宅。风水先生说这是一块风水宝地，子孙后代会将相辈出，永葆荣华富贵。范仲淹一听，马上改变了主意，他决定在这块地上建一所公学。周围的人不理解，范仲淹笑着说道：我家独占这块地，不如建成学堂，让百姓子弟都来读书，这样出的将相公卿不是更多吗？在范仲淹的倡导下，北宋庆历年间，全国各地的学校如雨后春笋一般涌现。

3. 犯颜直谏。范仲淹到中央做官后，不畏权力集团，勇于针砭时弊，致使他在中央三起三落。范仲淹虽然屡受打击，仕途坎坷，但忠诚报国的初心不改，他为了国家的利益勇往直前，从不计较个人得失。

下面再来看一下他在"武功"方面的成就。

党项族是我国古代西北羌族的一支，又称党项羌。唐朝的时候，党项部落的酋长拓跋思因参与镇压黄巢起义有功，被唐王赐为李姓。到了李元昊时期，不愿再对宋朝称臣，就自封皇帝，建国号大夏，并起兵进犯北宋。

由于北宋朝廷以文官治国，多年来是刀枪入库，马放南山，军事将领奇缺，对西夏战事是胜少败多。1040 年 8 月，朝廷派范仲淹到西北边境收拾残局。

范仲淹一连多日视察边防，听取一线士兵的意见，针对西夏国力弱，粮食不足，茶叶、布匹短缺的现实，制定了坚壁清野、打持久战的作战方针。双方僵持 3 年后，李元昊再也无力对抗下去，只得向北宋求和称臣。

　　西北战事告捷，范仲淹就被宋仁宗调回京城，任命为副宰相。手握大权的范仲淹认为施展政治抱负的时机到了，在仁宗的授意下，开始了全方位的政治、军事、经济改革，这就是历史上著名的"庆历新政"。新政实施仅仅一年零四个月，因为范仲淹动了朝中保守派利益集团的奶酪，他们结党污蔑新政，捏造各种罪名打击报复范仲淹。庆历五年（1045）初，无能的宋仁宗下诏废除一切改革措施，并再次罢免范仲淹，庆历新政虽然以失败告终，但却拉开了王安石变法的序幕。

　　范仲淹被贬到河南邓州，虽然心中难免失意，但是他并没有沉沦。庆历六年（1046），同样被贬官到湖南的同僚滕子京重修岳阳楼竣工，滕子京给范仲淹写信，拜托他为岳阳楼写一篇记。范仲淹就挥笔写下了中国文学史上的著名篇章《岳阳楼记》。在文中，范仲淹借岳阳楼的美景来抒发自己的心境，并规劝滕子京不要因为个人的遭遇而患得患失，要"不以物喜，不以己悲"，要注重大局，以国家的前途和天

岳阳楼

下苍生的命运为重。进而又嘱咐滕子京"居庙堂之高则忧其民，处江湖之远则忧其君"，要时时刻刻为国分忧解难。那么人生到底什么时候才能得到快乐、才能享受到幸福呢？范仲淹进而提出了"先天下之忧而忧，后天下之乐而乐"的人生信念，这句话即表明了范仲淹的人生追求与目标，也展示了他博大的胸怀和强烈的社会责任感。

正是由于范仲淹一生大公无私、胸怀天下、忠心报国的壮举，后世百姓就尊称他为北宋第一名臣。那么《道服赞》写的是什么内容？范仲淹又是在什么情况下创作的？

## 二、衣裳楚楚

《道服赞》，小楷，纸本，纵 34.8cm，横 47.9cm。共 8 行，97 个字。《道服赞》中所说的"道服"，顾名思义，就是指道士所穿的服装。"赞"是我国古代的一种庄重的文体，常用四言韵语写成，主要用来颂扬人和物，以情调激扬、风格精练为标志。《道服赞》就是范仲淹为他的同年友人"平海书记许兄"所制道服撰写的一篇赞文。为什么身为"平海书记"的官员却喜欢穿道服呢？在北宋时期，官员在家居生活中穿道服是一种时尚，为什么呢？这与他们所生活的那个时代的大背景有着重要的关系。

道教是我国土生土长的宗教，北宋继承了唐朝崇奉道教的国策，宋太祖赵匡胤和宋太宗赵光义兄弟俩都对道教的无为而治和养生术十分感兴趣，在全国范围内不断修建道观并逐步确立道教在百姓信仰中的主导地位。宋真宗时期，社会经济繁荣，真宗赵恒更是动用举国之力来扶持道教。他还效仿唐太宗李世民，生造出一位"神仙"赵玄郎作为和老子并列的道教圣祖，还把赵玄朗列为赵姓皇室的祖先。此外，真宗大兴道观，编纂道家经典，他还多次封禅泰山，前面还提到，1014 年，宋真宗率领朝中百官途经河南商丘，去安徽亳州朝拜道观太清宫。正是由于皇帝大力推崇，赵宋王朝可以说上至文武百官，下到普通百姓，都醉心道教信仰。

文人士大夫穿道服的现象早在唐朝就出现了，但当时并不普遍，到了五代的时候，穿道服已经成了一种社会风尚。尤其是北宋时期，道服已经成了士大夫阶层除了正式公务活动以外必须具备的"时装"。为什么会出现这种现象呢？这主要有两个方面的原因：

1. 由于皇帝的倡导，道教理念已经深入社会的方方面面，有时对有功的臣子，皇帝还御赐道袍用以褒奖。
2. 道教的世俗化，也深深影响着文人士大夫的着装理念。身着一身道装，更是体现主人清心寡欲、远离凡俗的生活态度。所以穿道服也逐渐成为了一种时尚，后来道服甚至还成了文人之间相互赠送的伴手礼。

河南沁阳人许琰和范仲淹是同年进士，后来被委派到平海做书记官。平海就是今天的福建泉州，"书记"一职在宋代是主要掌管"书牍奏记"的一个官职。据《范文正公年谱》考证，北宋天禧年间，约在 1017 年至 1021 年，许琰在福建平海做书记，新做了一件道袍，他就邀请同年好友范仲淹给这件道服写一篇赞。时年范仲淹正在京师任秘书省校书郎，便欣然命笔，用楷书写成了《道服赞》并序：

平海书记许兄制道服，所以清其意而洁其身也。同年范仲淹请为赞云。

在序中，范仲淹开宗明义，表明自己写这篇赞的目的就是称赞友人制道服乃是一件"清其意而洁其身"的举动。

赞的前四句：

道家者流，衣裳楚楚。

君子服之，逍遥是与。

这四句的意思是说：许琰的道服做得非常得体，穿上它，人就显得体面潇洒，可以步入清虚之境，人的精神气质均得到升华。接下来的四句：

虚白之室，可以居处。
华胥之庭，可以步武。

"虚白之室"的"虚白"一词，出自庄子的《人间世》中"虚室生白"，"虚"意思是"使空虚"，"白"指的是"道"，"室"指的是"心"。这句话意思就是说:空虚的心境没有杂念，这样才能悟出道，才能产生智慧，幸福才能光临。"华胥"典出《列子·黄帝》中所说的"华胥氏之国"，这是一个自然无欲的盛世乐土，也是上古时期的黄帝梦中的理想国。"步武"是紧紧跟随别人脚步的意思，就是说许琰穿上道服，那么他就可以和黄帝一样生活在一个思想自由的盛世乐土之上了。接下来，范仲淹笔锋转动，写道：

岂无青紫？宠为辱主。
岂无狐貉？骄为祸府。

"青紫"指的是绶带的颜色，泛指官阶。"狐貉"是高贵的裘皮，指贵族穿的衣服。他这是将官服和道服相比较，指出官场险恶，尔虞我诈。

最后四句：

重此如师，畏彼如虎。
旌阳之孙，无忝于祖。

这最后四句点明主旨，范仲淹希望好友许琰淡泊名利，泰然处事，这样才不会辜负旌阳子孙的身份。"旌阳"指的就是东晋四川旌阳县令许逊，提到许逊，这里面还有一个典故。传说许逊厌恶了官场，就辞官学道去了，在老家江西南昌的西山得道后全家成仙，就连他们家中的鸡和狗也都跟着升天而去，这就是历史上著名典故"鸡犬升天"的由来。

范仲淹在《道服赞》中，既赞扬了好友许琰洁身自好的可贵品质，也进一步表明了自己安贫乐道、淡泊名利的人生追求。范仲淹书写《道服赞》的时候正是人生的盛年，所以这篇小楷字体写得风骨峭拔，气势不凡。行笔清劲瘦硬，结体方正端严，阅读这篇书法就能让人立刻想到两袖清风一身正气的范仲淹本人，是一幅字如其人的典型作品。北宋书法家黄庭坚就非常欣赏范仲淹的书法，称赞：

> 盖正书易为俗，而小楷难于清劲有精神。如斯人，不必以书立名于来世也，然翰墨乃工如此。
>
> ——黄庭坚《跋范文正公书〈伯夷颂〉》

这句话意思是说：楷书非常难写，一不小心就写俗了，尤其是小楷最难表现的是清劲有神。像范仲淹这样有气节的名臣，他的历史地位本来没有必要通过书法来彰显，但是他仅仅在书法上的造诣就已经能够名传后世了。

《道服赞》是一件文章和书法俱佳的传世精品。那么《道服赞》诞生于北宋，近1000年来又是怎样流传到今天的呢？下面就来了解一下《道服赞》的流传史。

## 三、道服清辉

前面交代了国画大师张大千匆忙来到北京，他来北京干什么呢？张大千此行的目的就是向靳伯声购买范仲淹的《道服赞》。《道服赞》自身的珍贵性不必多言，但张大千却同样看重这件书法后面的一段题跋，谁的题跋呢？就是张大千的四川同乡，北宋一代画竹大师文同。文同，字与可，是北宋的著名画家，尤以画竹名扬天下。文同一生最爱竹子，他认为"竹如我，我如竹"，作画强调"意在笔先，神在法外"，文同画竹，注重写生，对竹子的生长规律和特征了然于心。他曾总结自己的画竹经验："画竹必先得成竹于胸中。"这就是成语"胸有成竹"的出处。北宋大文豪苏东坡也喜欢画竹，文同与苏东坡是至亲表兄弟，两个人经常相互唱酬，诗词往来，在美术史上正是他们两人确立了"梅、兰、竹、菊"的文人画传统题材。文同一生画竹无数，苏轼曾称赞他为"诗、词、画、草书"四绝，但遗憾的是，今天文同仅有一件《墨竹图》传世，这也是世所公认的唯一真迹。更加遗憾的是《墨竹图》上并没有文同的书法落款，只是在画面上留下了一枚"文同与可"的印章。就目前所知，文同书法墨迹传世极少，存世的文同书法只有两幅行书的题跋。一件是写在东晋书法家王献之《送梨帖》后面的 23 个字：

北宋　苏东坡像

　　　治平乙巳冬至，巴郡文同与可久
　　借熟观。时在成都回车馆。
　　　　　　　　——《石渠宝笈续编》


　　但是据说，这段题跋只存在文字记录，真迹至今下落不明。另外一件就是范仲淹《道服赞》手卷上的题跋。

北宋　文同《墨竹图》
台北故宫博物院藏

希道比部借示，文正词笔，观之
若侍其人之左右。令人既喜而且凛然
也。熙宁壬子孟夏丙寅，陵阳守居平
云阁题。石室文同与可。

—— 文同题《道服赞》跋

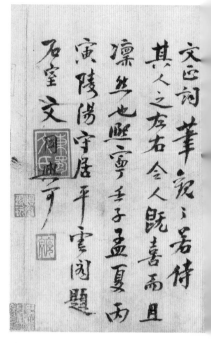

文同跋

这段跋语共 50 个字，字体雄浑朴厚，书写潇洒大
方。文同开头就说，自己从"希道比部"那里借到了范
仲淹的《道服赞》。所说"希道"，查《宋史》就是刘庠，
字希道，徐州人，据《宋史》载，他主要生活在宋仁宗
到宋神宗时期，生卒年不详。"比部"是中国古代的一个
官职，在宋朝的时候隶属于刑部，负责全国审计工作，
大致相当于今天的审计署。文同在跋中对范仲淹充满崇
敬之情，他认为看到了范仲淹的墨迹仿佛就像自己侍立
在他的左右，恭敬肃穆之情油然而生。

《道服赞》早期的收藏历史资料缺乏，文同跋中交
代，他曾从刘庠那里借观过《道服赞》，那么刘庠就有可
能拥有过该帖。刘庠以后一直到南宋的这段流传历史是
一段空白。乾隆皇帝曾就《道服赞》的流传史做过一段
考证，并令大学士董诰抄写在手卷上。根据乾隆的考证
可知，元至正元年（1341），《道服赞》被范氏子孙从
山东益都收归范氏义庄所有，后来就长期珍藏在范氏义
庄。说到范氏义庄，这可是范仲淹在中国慈善史上所做
的一件开天辟地的大事。为什么这样说呢？

下面先来了解一下什么叫义庄。义庄是中国古代社

近續纂石渠寶笈有范仲淹二札卷董其昌跋云文正公伯夷頌道服贊二書
在姑蘇范氏義莊庫中因思乙酉南巡時范氏子孫曾以伯夷頌呈覽題而歸
之道服贊則已入寶笈前編因取此卷諦觀旁証不持董其昌時為然蓋自元
至正元年辛巳益都范復始自北攜此卷歸義莊庫至我朝康熙三十五年丙
子宋犖任江蘇巡撫親見義莊庫藏墨蹟九種一為道服贊見犖所作伯夷頌
跋中此卷中明戴仁吳寬跋皆云在范氏而收藏印若元理左滕皆范氏奉祀
生也其後不知何時范氏失之乃歸安氏洎乾隆甲子前纂寶笈則此卷久在
內府可謂流傳有緒矣范氏義莊之伯夷頌尚能保其先澤而此卷獨不能保
展轉久歸內府可以惕守器之難而予既題伯夷頌又藏道服贊凡以寄緇衣
之好非鑒賞翰墨之為仲淹亦可快然無憾矣癸丑小春御識

勑敬書

董誥奉

乾隆帝《道服赞》考证、董诰抄录

会由同姓宗族比较富有的人捐赠田地而设置的救济贫困族人的田庄。"义庄"一般包括学校、公田、祠堂等设施。在历史文献上，最早有记载的义庄就是由范仲淹创办的。皇祐二年（1050），范仲淹看到苏州老家有很多贫穷无助的范姓族人需要救济，就拿出积攒大半生的俸禄购置田产设置范氏义庄，所收的地租，用来赡养救济同族的贫困家庭。他还亲自给义庄订立章程，规范族人的生活。范氏义庄的创办，使大批贫穷的范氏族人避免了在灾荒之年流离失所、迁徙他乡的命运。范仲淹去世后，他的子孙继续投入大量的钱财和精力，规划义庄的发展，进一步完善义庄的制度，也正是因为这些行之有效的管理方式，范氏义庄开启了中国古代慈善事业的一个新模式，也成为各地官绅效仿的对象。范氏义庄从北宋到民国历900余年的风雨而绵延不断，这也是中国慈善史上乃至世界慈善史上存续时间最长的民间公益组织。

《道服赞》曾经元、明两朝多位名家鉴赏题跋，但一直保存在范氏义庄。进入清朝以后，不知道什么原因流落到了收藏家梁清标手中。梁清标之后，《道服赞》又被安岐收藏。安岐去世，《道服赞》就进入乾隆内府，乾隆还把《道服赞》收入《石渠宝笈初编》一书。从此，《道服赞》就一直珍藏在清宫。清朝灭亡，溥仪把《道服赞》偷盗出宫，最终从长春"小白楼"流落出来，被画商靳伯声得到。

靳伯声为了抬高《道服赞》的价格，故意吊张大千的胃口，对张大千避而不见。张大千就托朋友四处打探靳伯声的下落，很快张大千大张旗鼓地求购范仲淹《道服赞》的消息传遍了北京六九城，时任故宫博物院院长的马衡找到张大千，告诉他这件国宝是从故宫流出，理应由故宫收回。张大千身为故宫博物院专门委员，只得以国家为重。

范仲淹传世书法很少，据官方资料考证，目前存世的作品有：《师鲁帖》（台北故宫博物院藏），《伯夷颂》（台北李敖藏），《边事帖》《远行帖》和《道服赞》（均由北京故宫博物院藏）。

在这5件世所公认的范仲淹书法真迹中，唯独《道服赞》是《范仲淹全集》没有收入的作品，因此，《道服赞》对研究范仲淹忧乐思想的形成起到了拾遗补缺的作

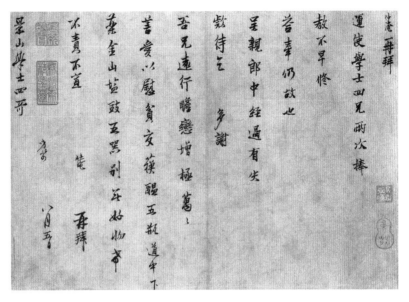

北宋　范仲淹《远行帖》，北京故宫博物院藏

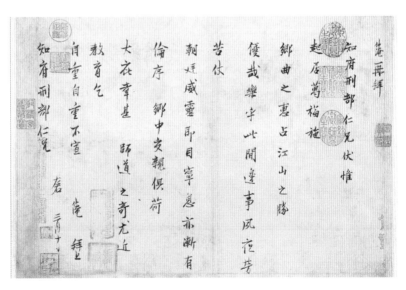

北宋　范仲淹《边事帖》，北京故宫博物院藏

用。另外，《道服赞》创作于范仲淹盛年时期，这也是了解他早期书法面貌的一件重要作品。

范仲淹在官场奔波了大半生，可以说他这大半生不是被贬官，就是行走在被贬官的路上，1052年正月，范仲淹再次从山东的青州被贬调到颍州，颍州就是今天的安徽阜阳。在赴任的途中，他病倒在了徐州。徐州是范仲淹的出生地，也是他幼年丧父的伤心之地，没想到，冥冥之中始点却又变成了终点，同年五月，一代政治家、军事家、文学家范仲淹病逝于徐州，享年64岁。朝廷加赠兵部尚书，谥号文正，以表彰他济世治国的千秋功绩和忧乐天下的高洁思想。

范仲淹一生清贫，曾官居一朝宰相，个人却几乎没有什么值钱的私产，甚至入殓的时候身边竟然没有一件像样的衣服。范仲淹干干净净地走了，他留下的道德文章和"先天下之忧而忧，后天下之乐而乐"的博大情怀，早已成为中华民族珍贵的思想文化遗产。

马衡知道张伯驹跟琉璃厂的画店老板熟，所以他与张大千专门来找张伯驹协商，决定由他出面洽谈。张伯驹果然很快就找到了靳伯声，靳伯声就让张伯驹作保，答应以110两黄金的价格把《道服赞》卖给故宫。没有想到是，当马衡将这件国宝带回故宫后，却遭遇两位著名学者的极力反对。他们联合否决收购《道服赞》，这又是为什么呢？

原来，故宫博物院当时聘请了一批社会各界精英，作为故宫博物院专门委员，尤其是要购买重要文物的时候，必须征得这些专门委员的同意。当马衡就收购《道服赞》征求大家意见时，北大校长、著名学者胡适和辅仁大学校长、历史学家陈垣以价格太高为由反对购买。马衡无奈，只得把《道服赞》又退还给了靳伯声。眼看着国宝又要流落他乡，张伯驹干脆自己拿出110两黄金，买下《道服赞》，并在手卷上加盖"京兆"和"张伯驹珍藏印"两方印章。

1956年，张伯驹、潘素夫妇把包括《道服赞》在内的8件国宝级书画无偿捐献给国家，并长期陈列于北京故宫博物院。

　　在中国古代历史长河中，政如其人、文如其人、字如其人者，可以说唯独范仲淹兼而有之！当我们在欣赏《道服赞》这件铁骨铮铮、法度森严的书法作品的时候，一定能感觉到范仲淹"忧乐天下"的凛然胸怀跃然于纸上。

　　北宋有一位超级文艺青年，但是却阴差阳错地走上了皇帝的岗位。他擅长诗词歌赋，书法绘画造诣更是炉火纯青，他唯一传世的一幅山水画真迹后来也成了张伯驹的藏品。但是，因为他迷信道教、玩物丧志，任用奸臣而最终导致北宋亡国。那么这位皇帝是谁？张伯驹收藏的又是一件什么样的山水画作？

## 第八章

雪江归棹　宋徽宗

## 一、书画皇帝

北宋是我国历史上经济极其繁荣、文化高度发达的一个朝代，这个朝代，还产生了一位书画皇帝。他唯一传世的一幅山水画真迹后来也成了张伯驹的收藏品。这位皇帝就是著名的书画皇帝宋徽宗。张伯驹收藏的这幅作品就是宋徽宗唯一传世的山水画《雪江归棹图》。宋徽宗著名，并不是因为他开疆拓土或文治武功，而是因为他在书画艺术上取得了非凡的成就。

北宋神宗元丰五年（1082），赵佶出生，他是宋神宗的第 11 个儿子。少年赵佶，喜爱艺术，文静谦和，虽然出生于帝王之家，但身上却没有多少骄奢之气。

宋人蔡绦在《铁围山丛谈》中这样介绍少年赵佶：

> 国朝诸王弟多嗜富贵，独祐陵在
> 藩时玩好不凡。所事者唯笔砚、丹青、
> 图史、射御而已。

宋徽宗赵佶像

"祐陵"指的就是宋徽宗。这段话意思是说同为亲王贵胄，赵佶的兄弟们大多骄奢淫逸，花天酒地，而唯独赵佶却钟情诗书，喜爱体育运动，比如骑马、射箭等，尤其喜欢翰墨丹青，对书法和绘画的喜爱简直到了痴迷的地步，很早就在文化艺术方面展现出超越常人的天赋。

1085 年，宋神宗去世，他的第 6 个儿子赵煦继位做了皇帝，1096 年，14 岁的赵佶被封为端王。如果按正常的走向，端王赵佶一定能够成长为诗书博雅的贵族艺术家。可是，历史的走向却在公元 1100 年发生了拐弯，为什么呢？因为就在这一年，赵佶的哥哥、宋哲宗赵煦突然病逝。哲宗无子，就这样，文艺青年赵佶阴差阳错地当上了大宋王朝的第 8 位皇帝。

赵佶做了皇帝后，大力推动北宋的文化艺术教育，为发展书画艺术做出了重要贡献，这主要表现在三个方面：

1. 完善国家画院。

画院最早是由五代的后蜀皇帝孟昶建立的，南唐皇帝李后主也设有画院。宋徽宗当上皇帝后，大刀阔斧地对画院进行改革，并严格考试制度，他独创性地设立了以诗句命题的考试方式。徽宗还大力提高画家的待遇，专门设立"翰林图画局"，并增设"书画博士"官衔。比如大书法家米芾就被宋徽宗赐以书画博士之职。

2. 成立国家美术学院。

在兴办画院的同时，宋徽宗还于崇宁三年（1104），开始建立国立美术学院。美术学院包括书学和画学两科，隶属于国子监。"书艺院"规定学习书法以"二王"的书韵为标准，在此基础上全面学习真草隶篆等四体书法。画学教学则规定六大门类：

> 画学之业，曰佛道，曰人物，曰山水，曰鸟兽，曰花竹，曰
>
> 屋木。
>
> ——《宋史·选举志》

除了这六大门类绘画题材以外，画院同时还要兼修四书五经，就是画院要培养有知识的画家，而不是只会画画的画匠。

在宋徽宗的亲自掌舵下，画院培养了一大批书画艺术家，使北宋的宫廷绘画达到了一个新的高度，也把北宋绘画推向了唐朝以后的又一个高峰。比如画院培养的

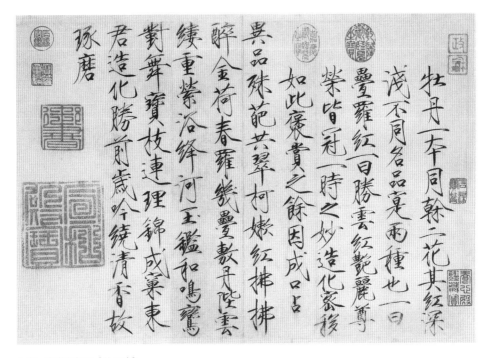

北宋　宋徽宗赵佶《牡丹诗》

画家张择端，就在宋徽宗亲自指导下创作了传世名画《清明上河图》。

3. 主持编纂《宣和书谱》和《宣和画谱》。

这两部书是非常完备的传记体书画家通史，是研究中国古代绘画发展和作品流传的珍贵典籍，有重要的史料价值。

赵佶当上皇帝后，之所以如此重视书画艺术，与他的艺术修养有着重要的关系。徽宗曾说：

> 朕万几余暇，别无他好，惟好画耳。
>
> ——宋·邓椿《画继》

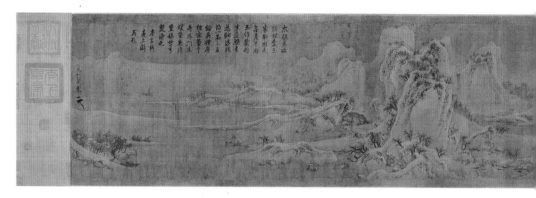

北宋　宋徽宗赵佶《雪江归棹图》，北京故宫博物院藏

　　所以，宋徽宗并不仅仅是一般的艺术爱好者，他自己在书法和绘画上都取得了很大的成就，甚至说他是开一代先河的艺术大师也毫不为过。为什么这样说呢？让我们先来了解一下他的书法创作。

　　一提到宋徽宗的书法，人们马上就想到"瘦金体"。没错，这"瘦金体"书法就是宋徽宗创造的一种新书体，可以说前无古人后无来者。那么，什么是"瘦金体"呢？"瘦金体"笔迹瘦劲，铁画银钩，横画收笔带钩，竖画收笔带点，撇如同匕首，捺就像切刀一样。后人就把宋徽宗独辟蹊径创造的这种字体称为"瘦金体"。

　　宋徽宗学习绘画，一是坚持继承传统，二是注重写生。徽宗学习绘画从传统入手，大量临摹前人的优秀书画作品。比如流传到今天的《捣练图》和《虢国夫人游春图》就是宋徽宗的临摹品。这两幅画是目前研究唐朝绘画的珍贵史料，早已是国宝级的文物。

　　徽宗的绘画题材除了人物画之外，他在花鸟画创作上也取得了非凡的成就。宋徽宗的花鸟画重视写生，以形神兼备著称。比如，他画仙鹤，竟能在同一幅画面上表现出二十种不同姿态。他在生绢上画鸟雀的时候，别出心裁，用生漆点睛，雀的

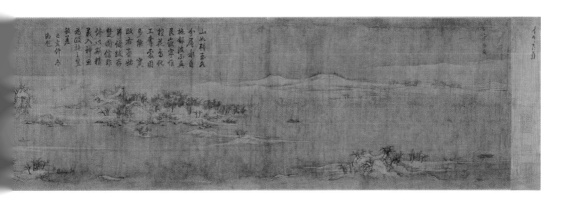

眼睛立体地凸出在绢纸上，十分生动有神。

　　宋徽宗是一位全能型的画家，他除了人物、花鸟画以外，在山水画创作上也是独树一帜。他一生勤奋，创作的书画作品约有 12000 多件，遗憾的是，保存到今天的仅有区区几十件，这其中只有一件山水画传世，那就是著名的《雪江归棹图》。《雪江归棹图》从乾隆时期进入内府后，就一直保存在清宫。直到清朝灭亡，被溥仪偷盗出宫，最后从长春"小白楼"流失到市场上。当时大批的琉璃厂书画商人一窝蜂赶到关外，大肆抢购这些"东北货"。在这种情况下，琉璃厂画商郝葆初也来到长春，他曾参与收购隋朝展子虔的《游春图》，另外郝葆初还买到了国宝级画作宋徽宗的《雪江归棹图》，不久，他就把《雪江归棹图》转卖给了大收藏家张伯驹。

## 二、雪江迷云

　　《雪江归棹图》，绢本，纵 30.3cm，横 190.8cm，被装裱成传统的手卷形式。

北宋　宋徽宗赵佶《雪江归棹图》局部

北宋　宋徽宗赵佶临张萱《捣练图》，现藏美国波士顿美术馆

北宋　宋徽宗赵佶临张萱《虢国夫人游春图》，现藏辽宁省博物馆

　　手卷，是中国书画特有的一种装裱形式。装裱，古代又称裱褙。俗话说：三分画，七分裱。书画的装裱对作品本身起到美化和保护作用。手卷也称横幅、横轴，不方便悬挂，只适合握在手中在画案上展玩，一般从左往右展开。完整的手卷包括引首、画心、拖尾三大部分。引首是用来题写手卷名称的，题写内容包括作品的题目、作者的姓名以及题写者的姓名等。比如《雪江归棹图》的引首就是乾隆皇帝亲笔题写的"积素超神"4个字。隔水就是连接引首和画心之间的镶条，镶条的作用主要是增加手卷的美观效果，有时候也可以在上面题写手卷的名字。拖尾是裱于画心后面的空白纸面，主要留给鉴赏者题跋钤印用的。

　　这张画的右上角有宋徽宗瘦金体书写的"雪江归棹图"5个题字，左下角题"宣和殿制"，并有"天下一人"的花押。

　　什么是花押呢？花押起源于魏晋，唐代渐成风气，宋朝的时候，绘画或者签署文书的时候，签名花押已经非常盛行，尤其是文人墨客。为了显示自己与众不同，往往都设计独特的花押。比如宋徽宗的这个"天下一人"花押，被后人称为"绝押"！为什么呢？咱们先看它的外形，可以说是别出心裁，看上去有点像"天"字，又像草写的"竹"字，而实际上呢，就是"天下一人"4个字的组合。这是一个近乎文字游戏式的落款，也是一个充满想象力的花押，从这个花押中可以看出宋徽宗在艺术追求上的匠心独运。

　　那么，《雪江归棹图》表现的什么内容？"雪江"，顾名思义，作者描绘的是大雪覆盖的江面，这个"棹"，本来指的是"船桨"，在这里泛指"舟船"。这幅画的整篇立意就是在天色将晚之际，舟船雪江归来的景色。《雪江归棹图》完成后，宋徽宗的宠臣、一代奸相蔡京在手卷上恭敬题跋，跋的结尾写道：

　　　　皇帝陛下以丹青妙笔，备四时之景色，究万物之情态于四图之内，盖神智与造化等也。大观庚寅季春朔，太师楚国公致仕臣京谨记。

蔡京题跋

蔡京的题跋非常重要，从这段题跋中至少可以读出两点重要的信息。

第一点，蔡京说"备四时之景"，也就是告诉大家，宋徽宗同时画下了春、夏、秋、冬四景。其他三景"春、夏、秋"都散失了，而仅仅剩下了《雪江归棹图》这一幅作品。

第二点，根据蔡京题跋的落款：大观庚寅，即公元1110年，也就是明确告诉我们《雪江归棹图》是宋徽宗28岁时亲笔所画。但蹊跷的是，《雪江归棹图》完成后，竟然不知所终，一直到明朝万历年间才又重见天日，也就是说这幅图历经了金、元两朝，在长达500年的时间里，它都是谜一样的存在，至于它到底是如何流传下来的，既找不到文字记载，更没有人能说得清楚。所以，当这件山水画在明代被太保朱希孝得到后，才算正式现身江湖，当时的书画界就对《雪江归棹图》的突然现身打了个大大的问号。最早对《雪江归棹图》质疑的人就是明万历年间的学者、兵部尚书孙矿，他认为：

　　　　此图应系画院供奉人代作。

　　　　　　　　　　　　——明 · 孙矿《＜书画跋＞跋续》

　　其实，关于宋徽宗绘画"亲笔"还是"代笔"的问题，早在宋徽宗在世的时候就有了这种议论。第一个记录宋徽宗"代笔"说的是蔡绦。蔡绦是什么人？他是大奸臣蔡京的第三个儿子，宋徽宗让位于宋钦宗后，奸相蔡京就被宋钦宗流放岭南，途中死于长沙崇教寺。蔡京的子孙二十多人也均被流放，三子蔡绦被流放到广西博白，他在博白写成《铁围山丛谈》一书，书中有这样一段记载：

　　　　独丹青以上皇（宋徽宗）自擅其神逸，故凡名手多入内供奉，
　　　　代御染写，是以无闻焉尔。

　　　　　　　　　　　　——宋 · 蔡绦《铁围山丛谈》

　　这是最早有关宋徽宗"代御染写"找代笔人的文字记载，也是这条记录直接影响了后人对宋徽宗绘画真实水平的判断。

　　明代大鉴赏家董其昌于万历四十六年（1618）对《雪江归棹图》题跋也提出质疑：

　　　　宣和主人写生花鸟，时出殿上捉刀。虽著瘦金小玺，真赝相
　　　　错，十不一真。

董其昌题跋

　　至于山水惟见此卷，……笔意纵横，参乎造化者，是右丞本
色，宋时安得其匹也。
　　余妄意：当时天府收贮，维画尚伙，或徽庙借名，而楚公曲
笔，君臣间自相倡和，为翰墨场一段簸弄，未可知耳。

　　董其昌首先质疑宋徽宗的花鸟画，指出徽宗的画大多是画院画家的代笔，真假
掺杂，十幅画中最多有一件是真迹。所以他认为像《雪江归棹图》这么高水平的绘
画肯定不是宋徽宗的亲笔，但他却猜测这张画是唐朝大画家王维的作品，只是宋徽
宗"借名"，蔡京"曲笔"唱和来戏弄人的。
　　《雪江归棹图》在朱希孝死后归收藏家、嘉靖进士王世懋所有。清朝初年又被
梁清标收藏。梁清标去世后，《雪江归棹图》进入了乾隆内府。乾隆皇帝十分重视

这件作品，把它收入《石渠宝笈续编》一书，乾隆还分别于 1779 年和 1780 年两次在画面上题诗考证。乾隆针对董其昌的"宋徽宗联合蔡京造假"这一说法不以为然，乾隆认为：

> 乃香光揣度之词，宋宣和绘事本精，且蔡京跋语真而可信，
> 固可毋庸置（原文为"致"）疑耳。
>
> ——乾隆《御制诗文集》

"香光"是董其昌的号，乾隆认为董其昌的鉴定完全是猜测，宋徽宗本来精于绘画，蔡京的题跋也真实可信，所以《雪江归棹图》是毋庸置疑的。其实，乾隆的判断是有一定的根据的，关于徽宗在山水画方面的造诣，北宋米芾的儿子、书画博士米友仁评价很高：

> 画以人物、花竹、鸟兽、禽虫为神妙，宫室、台榭、园池、
> 器用为精巧，独山水清雄奇富、变态无穷，为难。九重之笔，浑
> 然天成，焕然日新，已离画工之度数，而得诗人之清丽也。绍兴
> 九年五月二日，襄阳米友仁书。
>
> ——《佩文斋谱》第六十九卷《历代帝王画跋》

米友仁说，宋徽宗在绘画上除了擅长花鸟、人物等题材以外，他的山水画创作也"浑然天成"，"得诗人之清丽"，对宋徽宗的山水画艺术作了非常高的评价。米友仁只比宋徽宗小 3 岁，和徽宗是同时代人，他应该对徽宗的绘画水平非常了解。米友仁写这段跋的时候是绍兴九年（1139），当时离宋徽宗被俘虏到北国已经 13 年了，徽宗也早在 1135 年已屈辱地死去，所以米友仁大可不必再阿谀奉承。米友仁的这段记录也就有力地支持了乾隆的推断。

乾隆皇帝收藏宏富，在历代帝王中，他应当是继宋徽宗以后对书画艺术研究最精深的皇帝。有人曾经开玩笑说乾隆应该是故宫博物院的第一任院长，那么宋徽宗就应该是当仁不让的首席名誉院长。

明清以来，对《雪江归棹图》的真伪争论一直不断，直到今天，鉴定界对这张画的看法也不统一，主要有两派观点。一派认为是北宋画院画家的代笔画，主要代表人物是海派著名画家、鉴定家吴湖帆和他的弟子徐邦达。一派则认为是真迹，代表人物主要是启功和杨仁恺。下面我们来看一下两派的观点。

书画鉴定家徐邦达

徐邦达认为，宋徽宗传世的绘画主要有两类，一类是比较粗犷朴拙的，这一类绘画基本上都是他的亲笔画，比如《写生珍禽图》《柳鸦图》等画作。而像《瑞鹤图》《腊梅山禽图》《听琴图》以及《雪江归棹图》这些用笔工整的画都是别人作品，是宋徽宗为了留名后世，让画院的画师代笔作画，然后落上自己的款。徐邦达的观点也主要来自蔡绦的《铁围山丛谈》，认为"代御染写"就是替皇帝代笔作画，徐邦达认为蔡绦是蔡京的儿子，很了解宋徽宗，所以他的说法可信。

鉴定家杨仁恺则认为，宋徽宗并不是一个眼高手低、光说不练的空把式画家，他早年经过严格科班训练，所以他在绘画方面的天赋和才能毋庸置疑。另外，宋徽宗作为一代帝王，并不存在应付索画、人事应酬等问题，况且在皇帝和画家这两重相差悬殊的身份上，徽宗并没有必要非得选择以画家的身份留名后世。所以今天存世

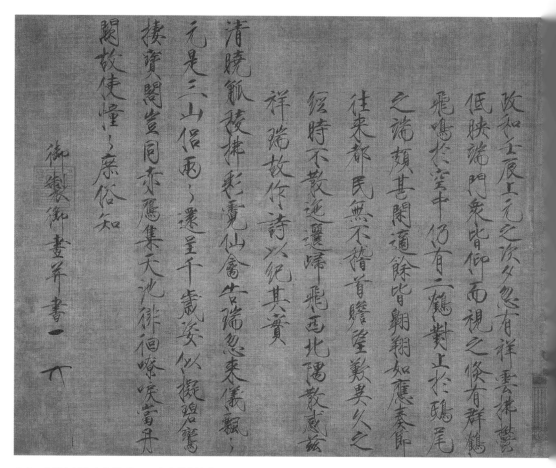

北宋　宋徽宗赵佶《瑞鹤图》，辽宁省博物馆藏

的徽宗书画，除了后来刻意人为造假以外，并不存在所谓的"代御染写"的问题，因此，《雪江归棹图》肯定是真迹无疑。

启功对《雪江归棹图》并没做长篇大论的考证，他在怀念张伯驹的一首诗里写下自己的意见：

御题归棹鉴非讹。

——启功《丛碧堂张氏鉴藏捐献法书名画册题后》

启功强调说在没有确凿证据的前提下，还是应该将《雪江归棹图》归于宋徽宗名下。

大收藏家张伯驹在琉璃厂画商郝葆初那里看到《雪江归棹图》后，认为宋徽宗和蔡京虽然是一对误国的君臣，但艺苑风流，足传千古，于是就出重金买下此画。张伯驹得到《雪江归棹图》后,在前隔水和拖尾纸上分别加盖上了"张伯驹珍藏印"和"京兆"两枚印章。然后又对这件作品做了十分详细的考证，根据他的研究，发现《雪江归棹图》在流传的过程中竟然还隐藏着一个天大的秘密。什么秘密呢？就是这幅山水画和明朝两位宰相级的人物严嵩和张居正，以及一出名剧《一捧雪》有着重要的牵连。

## 三、归棹传奇

曹雪芹的《红楼梦》成书于乾隆年间，书中第十八回贾元春省亲点戏，点的第一出戏就是昆曲《豪宴》。《豪宴》是明末戏剧家李玉所编剧的《一捧雪》传奇中的一折。

《一捧雪》传奇讲的是明代嘉靖朝莫怀古家藏祖传玉杯"一捧雪"，是稀世珍宝，奸相严嵩索要，莫怀古就将一个假玉杯送给严嵩，没想到，却被严嵩家的裱画匠汤勤识破，严嵩恼羞成怒，最后莫怀古被迫害至家破人亡。那么，《一捧雪》这个故事从何而来呢？据考证，它是根据奸相严嵩和名画《清明上河图》的传说演绎而来的。

据野史传说，嘉靖朝王忬收藏有北宋张择端的名画《清明上河图》。王忬是兵部侍郎，他本人在明史上知名度不高，但是他却有两个著名的儿子：长子叫王世贞，是明中后期文坛领袖；二子叫王世懋，是收藏家，他就藏有宋徽宗的《雪江归棹图》。贪婪的严嵩、严世蕃父子听说王忬藏有《清明上河图》，就强行索要，王忬就将一个摹本送给了严嵩。没想到让严嵩家一个叫汤勤的装裱匠认出是一张假画。严嵩父子怀恨在心，后来，就以王忬抵抗蒙古兵不力为由将他斩首。那么，历史真相又是如何呢？据《明史》记载，王忬确实是被严嵩害死，严嵩父子也确实收藏过《清明上河图》，但王忬被害的真相却和《清明上河图》这张画没有丝毫关系，为什么这样说呢？

明代画家、鉴定家文嘉编写了一部查抄严嵩家藏书画清单的《钤山堂书画记》，明确地记录了严嵩收藏《清明上河图》前后的情况：

> 图藏宜兴徐文靖家，后归西涯李氏，李归陈湖陆氏，陆氏子
> 负官缗，质于昆山顾氏，有人以一千二百金得之。

昆山顾氏得到《清明上河图》不久，就被人以1200两银子的价格买走送给了严嵩。从这段记录证明王忬根本没有收藏过这幅画，所以王忬之死和《清明上河图》应当没有关系。

那么，王忬到底又是因为什么被严嵩害死的呢？据《明史·王世贞传》载，嘉靖忠臣杨继盛因为上疏弹劾奸臣严嵩十大罪状，遭诬陷下狱，王忬为人耿直，就亲自去监狱探望杨继盛。王忬的长子王世贞也十分同情杨继盛的遭遇，经常给他送汤药，还代杨妻写状申冤。杨继盛被害，王世贞又亲自给他料理后事，王氏父子的所

作所为让严嵩父子恨之入骨，后来因为王忬和蒙古军交
战失利，严嵩父子就向朝廷奏章弹劾，王忬最后被冤杀。

　　以上介绍了王忬和严嵩交恶以及《清明上河图》的
流传历史，那么《雪江归棹图》和张居正以及传奇杂剧
《一捧雪》又有什么联系呢？

　　前面曾叙述，朱希孝去世后，《雪江归棹图》就归了
王忬的二儿子王世懋收藏，王世懋在拖尾纸上记下了自
己收藏《雪江归棹图》的经过，并详细叙述了因为这张
画和宰相张居正结怨的前前后后。

杨继盛像

　　　　朱太保绝重此卷。……延吴人汤
　　翰装池。太保亡后，诸古物多散失，
　　余往宦京师，客有持此来售者，遂
　　粥（鬻）装购得之。未几江陵张相尽
　　收朱氏物，索此卷甚急……有死不
　　能，遂持归。不数载，江陵相败，法
　　书名画，闻多付祝融，而此卷幸保
　　全余所，乃知物之成毁，故自有数
　　也。……吴郡王世懋敬美甫识。

　　　　　　　　　　　　——明·王世懋题

王世贞像

　　这段题跋中交代了两个重要的信息，一个是裱画人
汤翰，再就是当朝宰相张居正。王世懋这段话的大概意
思是：朱太保得到《雪江归棹图》后，让装裱匠人汤翰
重新裱褙，朱太保去世后，他的收藏就散失了。这个时

王世懋像

朱太保絕重此卷以古錦為襟羊脂玉為籤

兩魚膽青為軸宋刻絲龍裹為引首延吳人

馮翰裝池太保已後諸古物多散失余謹官京

師客有持此來售者遂粥裝購得之未幾江陵

張相盡收朱氏物索此卷甚急客有為余危者

余以尤物賈罪殊自愧未軄之癖頗業已有之持

贈貴人士節眄像有死不能遂持歸不數載江

陵相敗法書名畫聞多付祝融而此卷幸保今

余昕乃知物之成毀故自有數也宋名相流脫披

技藝已盡余兄跂中乃太保江陵復抱桑滄之感

而余六箴羅其豐萼乃為紀顛末示儆懼令吾子

孫毋復蹈兩翁轍也吳郡王世懋敬美甫識

王世懋题跋

候，王世懋恰好调到京中做官，不惜卖了行李凑钱买下《雪江归棹图》。当朝的宰相张居正听说王世懋收到了《雪江归棹图》，就向他索求，可是王世懋因为太喜爱这幅画，至死不让。就这样王家得罪了心胸狭窄的当朝宰相，后来张居正打击报复王家，王世懋的大哥王世贞还因此被罢官。张居正去世后被抄家，家中的收藏"多付祝融"，祝融是火神，代指火灾。王世懋也感叹幸亏当初没有把画让给张居正，这才让《雪江归棹图》躲过了一场毁灭之灾。

根据王世懋的这段题跋，张伯驹推断，王家与奸相严嵩有杀父之仇，后来王世贞、王世懋兄弟又因为《雪江归棹图》与宰相张居正结怨，这个故事在流传的过程中以讹传讹，最后就演变成王忬因《清明上河图》被严嵩父子杀害。戏剧家李玉就根据这个故事为素材，改编成传奇杂剧《一捧雪》，借以讽刺那些不择手段巧取豪夺宝物的人，最终都不会有什么好下场。只不过在剧中，把《清明上河图》换成一只玉杯，而王世懋题跋里所提到的裱画师汤翰，则直接被编进戏中，只是把名字从汤翰改成汤勤了。

张伯驹又考证，在清朝初年，《雪江归棹图》曾经出过一个临摹的赝品，尺寸和真迹相同，后面也有蔡京、王世贞、王世懋、董其昌的假题跋。据说民国时期，这件仿品被日本人买走，这个日本收藏家自认为是鉴定中国画的专家，但等张伯驹买到真迹《雪江归棹图》后，真相大白于天下，日本收藏家才知道自己吃了一个哑巴亏。

另外，对于宋徽宗为什么要命名这幅画叫《雪江归棹图》，现在有的学者推测，认为这其中还暗含着一个吉祥的寓意，就是徽宗借用"归棹"谐音"归赵"，寓意天下江山都归赵宋王朝。这个推测是否准确，还有待进一步考证。

宋徽宗绝没想到，他的一幅游戏笔墨的山水画作，不仅给后世带来了一个鉴定难题，而且在流传的过程中居然还衍生出了一幕幕悲欢离合，这大概就是中国传统文化的魅力所在吧！

宋徽宗在艺术上是当之无愧的千古一帝，他是一位书法和绘画双绝的艺术家，

北宋　宋徽宗赵佶《白鹰图》

但是作为皇帝，他却是一个彻彻底底的失败者。由于宋徽宗迷信道教、任用奸臣、玩物丧志，最终导致北宋亡国。1126 年，靖康之难爆发，宋徽宗和他的儿子宋钦宗被掳到金国，9 年之后，宋徽宗在黑龙江五国城凄凉地死去，落下一个可悲的结局。

1958 年，故宫博物院为了充实院藏，与张伯驹协商，希望他能把《雪江归棹图》让给故宫，当时《雪江归棹图》正在琉璃厂荣宝斋复制，张伯驹立刻写信给荣宝斋，同时让故宫派人到荣宝斋直接将原作取走。

前面提到《红楼梦》曾引用传奇杂剧《一捧雪》，这出戏是曹雪芹用来预示贾家必将衰败的伏笔。其实在《红楼梦》中还曾专门提到过宋徽宗的画，第四十六回说道，贾赦要纳贾母的贴身丫环鸳鸯做妾，鸳鸯的嫂子为了攀富贵前来劝说鸳鸯，结果被鸳鸯一顿乱骂："什么'好话'！宋徽宗的鹰、赵子昂的马，都是好画儿。"这是清代非常流行的一句歇后语，可见宋徽宗的绘画艺术对后世的影响是深远的。

红楼迷踪

话脂砚

第九章

### 一、红楼脂梦

《红楼梦》是一部世所公认的千古奇书，它的成书过程以及作者曹雪芹的身世，至今还有很多谜团没有被破解。早在清朝中后期，有关曹雪芹和《红楼梦》的"红学"研究已经开始，尤其到了民国，"新红学"更成了一门显学。大收藏家张伯驹虽然不是红学家，但他很早就关注相关文物的收藏。他不但藏有与曹雪芹家族相关的书画作品，而且 20 世纪 60 年代，一块曾见证了《红楼梦》诞生的砚台"脂砚"，也被张伯驹发现，当年在红学界可以说引起了巨大轰动。那么，张伯驹到底收藏了哪些与《红楼梦》相关的书画？他收藏的这块"脂砚"又有一段什么样的传奇故事呢？要想解读这些书画文物，还要从乾隆甲戌本《脂砚斋重评石头记》谈起。

"开谈不说红楼梦，读尽诗书也枉然。"这是清朝嘉庆时期的流行语，可见，《红楼梦》问世不久，就成为当时最流行的一部小说。《红楼梦》是中国四大名著之一，更是公认的中国古代小说史上的一部奇书。说是一部奇书，原因有二：

1. 书的写作手法奇。满纸荒唐言，一把辛酸泪，作者用草蛇灰线、伏延千里的写作手法，创作了一部历史上从来没有过的小说。
2. 书的作者曹雪芹扑朔迷离的身世奇。在《红楼梦》问世的很长一段时间内，有关它的作者到底是不是曹雪芹一直存在着争议。直到 20 世纪 20 年代，红学家们才考证出《红楼梦》的作者就是曹雪芹；曹雪芹是康熙朝江南织造曹寅之孙；并确定《红楼梦》后四十回是由高鹗续写。

巧合的是，1927 年，清末北京大兴藏书家刘铨福旧藏的一部乾隆甲戌本《脂砚斋重评石头记》在上海被发现。乾隆甲戌这一年是公元 1754 年，《红楼梦》在乾隆早期属于禁书，不允许正式刊印，所以早期的《红楼梦》均是以手抄本的形式畔有絳珠草一株，時有赤瑕宫神瑛侍者，日以甘露灌溉，這絳珠草便得久延歲月。後來既受天地精華，復得雨露滋養，遂得脫却草胎木質，得換人形，僅修成個女體，終日遊于離恨天外，飢則食密青果為膳，渴則飲灌愁海水為湯。只因尚未酬報灌溉之德，故其五內便鬱結著一段纏綿不盡之意。恰近日神瑛侍者凡心偶熾，乘此昌明太平朝世，意欲下凡造歷幻緣，已在警幻仙子案前掛了號。警幻亦曾問及灌溉之情未償，趁此到可了結的。那絳珠仙子道：他是甘露之惠，我並無此水可還他；他既下世為人，我也去下世為人，但把我一生所有的眼淚還他，也去下世為人，但把我一生所有的眼淚還他。我

乾隆甲戌本《脂砚斋重评石头记》

出现，当初的书名就叫《脂砚斋重评石头记》。

刘铨福旧藏的这部抄本，是目前存世最古的《红楼梦》写本，非常接近原稿；红学界根据这部抄本，进一步确定了曹雪芹的著作权。在《脂砚斋重评石头记》中，有 1000 多条脂砚斋的批语，根据这些批语，考证出了许多曹雪芹的家事以及他病逝的具体日期。《脂砚斋重评石头记》的出现，对红学研究来说可谓拨云见日。说到这里，大家可能就会产生一个疑问，"脂砚斋"指的是谁？他为什么如此了解《红楼梦》？确实，《脂砚斋重评石头记》的意外现身，给学术界带来的最大迷惑之处就是脂砚斋的身份问题。从批语中可以明显看出，脂砚斋与作者曹雪芹关系十分亲密，甚至还亲自参与了《红楼梦》创作，如果能解开脂砚斋的秘密，就相当于找到了一把解读曹雪芹和《红楼梦》的钥匙。

众所周知，由于曹家被抄家败，导致有关曹雪芹的史料传世很少，所以任何有关曹雪芹的只字片语的出现都能引起红学界的巨大关注。自《脂砚斋重评石头记》现身以后，又有若干件有关红学的书画文物被发现，而这些书画文物几乎都被张伯驹一人收藏，下面就来欣赏这些珍贵艺术品。

1.《纳兰性德侍卫小像》，张伯驹旧藏。现藏北京故宫博物院。

画为纸本，纵 59.5 厘米，横 36.4 厘米，作者是清初著名画家禹之鼎。禹之鼎善画人物，他的肖像画在清中期有"当代第一"的美誉。这幅画图右上方有恭亲王奕䜣题"容若侍卫小相"。画的绫边上有自清末以来、包括张伯驹在内的 8 家题辞。据考证，这幅画作也是今天唯一可以认定为纳兰性德真实面容的小像。那么，《纳兰性德侍卫小像》又与曹雪芹有什么联系呢？

纳兰性德出身皇族，字容若，原名纳兰成德，是清代杰出的词人，他的词作清丽婉约，自然超逸，当时就有"井水吃处，无不争唱"的说法。

曹雪芹家族是清朝时的包衣，属于汉军正白旗。曹寅的母亲孙氏还是康熙帝的奶妈，所以从曹寅的父亲曹玺开始，一家三代四人相继担任江南织造。曹寅比康熙

禹之鼎绘《纳兰性德侍卫小像》，北京故宫博物院藏

小 4 岁，自幼陪伴康熙读书。按现在的说法，他就是皇帝的发小加小学同学，后来还做了康熙的贴身侍卫，更是康熙的近臣。曹寅与纳兰很早就认识，二人同年考中顺天府举人，后来又同在康熙跟前当差，是同学加同事的关系，两人都喜欢诗词和书画古玩收藏，按现在的话来说就是三观相同，所以二人交情很深。

　　有红学家考证，纳兰的诗词，对曹雪芹创作《红楼梦》有一定的影响。确实，在纳兰的很多诗词作品中，多次出现"红楼"二字，比如：

　　　　"知在红楼第几层""却忆红楼半夜灯""此夜红楼，天上人间
　　　　一样愁"。

　　曹雪芹一定读过纳兰的这些诗句，此书最后被命名为《红楼梦》，也很有可能是受到了这些诗句的启发，甚至，曹雪芹在塑造贾宝玉这个人物的时候，或多或少会有纳兰的影子影射在里面，把纳兰生前的一些故事写进小说也有可能。

　　2.《楝亭图》，张伯驹旧藏。现藏国家图书馆。
　　曹寅的父亲曹玺在康熙二年（1663）到南京担任江宁织造，他在庭院中种下

戴本孝绘《楝亭图》

一棵黄楝树，并在树下造了一个亭子，取名楝亭。曹玺去世后，曹寅继任江宁织造，为纪念先父，曹寅给自己取号楝亭，他还邀请当时的著名画家恽寿平、禹之鼎、戴本孝等9人绘制成《楝亭图》一册，并延请当时的社会名流45人题诗作赋，以宣扬父亲的遗爱，纳兰性德也专门写下跋语《曹司空手植楝树记》，以悼念曹玺。纳兰题完《楝亭图》的第二年，公元1685年暮春，溘然病逝，年仅31岁。10年以后，曹寅与张见阳、施世纶相聚于楝亭秉烛夜谈，为怀念老友纳兰性德，张见阳画成《楝亭夜话图》。

3.《楝亭夜话图》，叶恭绰旧藏。经张伯驹介绍，由吉林省博物馆购藏。

康熙三十四年（1695）秋天，时任庐州（今属安徽合肥）知府的张见阳造访江宁织造曹寅，当时江宁知府施世纶也恰好在曹府。张见阳，本名纯修，曾任庐州知府，清代著名山水画家，纳兰生前挚友。纳兰病逝后，张见阳亲自出资为他整理遗作，印成《饮水诗词集》。施世纶是清朝大将军施琅的长子，清代著名小说《施公案》的主角，也是纳兰的生前好友。当三人坐在楝亭下畅谈古今的时候，话题最后就落到纳兰性德身上，自然而然就回忆起纳兰诗酒风流的往事，张见阳有感而发，挥笔画下《楝亭夜话图》。曹寅也触景伤怀，含泪在这幅画的卷尾题下了著名的诗句：

清　张见阳《楝亭夜话图》

家家争唱饮水词，

纳兰心事几曾知？

以上这三幅绘画，如果单从研究曹雪芹和小说《红楼梦》的角度来看，似乎得不到最直接的信息，但却可以了解曹雪芹的家世以及曹家在清朝的政治地位和社会关系，所以这些绘画不仅仅只是名家真迹，更是不可多得的文献资料。张伯驹除了与以上三件书画作品非常有缘分以外，他还与一块见证《红楼梦》诞生的砚台有一段奇缘，这就是红学史上著名的"脂砚"。脂砚是一块什么样的砚台？张伯驹又是如何与这方砚台结的缘呢？

## 二、脂砚传奇

纪晓岚像

收藏，自古以来就是一个比较高雅的爱好，在收藏的过程中往往有许多意想不到的奇闻趣事发生，给收藏家带来了许多意想不到的惊喜，这也是收藏家千百年来乐此不疲的原因所在。比如清代学者纪晓岚在《阅微草堂笔记》一书中就记载了这样一件趣闻。说清代扬州八怪之一的画家高凤翰，一天晚上做梦梦到汉代的大文豪司马相如来访，结果第二天他竟然意外地收到了一方司马相如的印章。这件事在当时传为奇谈。张伯驹一生专注书画收藏，他也曾经有过这样的一次奇遇，但是这次奇遇的不是书画，而是两方传世名砚。

1947年腊月的一天，张伯驹夜访画家溥雪斋，溥雪斋出身皇亲贵胄，他是溥仪的堂兄，民国时期京城的著名画家、收藏家。看到老友张伯驹来访，溥雪斋就将他刚收到的一方明末才女柳如是的砚台拿出来共同欣赏。这块砚台制作精美，且经过金石学家罗振玉鉴定为端砚名品，是一块不可多得的名人用砚。从来不收藏砚台的张伯驹，这一次却对这块砚爱不释手，再三请求老友相让。溥雪斋知道张伯驹在收藏上的痴心痴情，也只好忍痛割爱。张伯驹如获至宝，将"柳如是砚"连夜携归家中。

柳如是，明末清初的著名歌妓和才女，位居"秦淮八艳"之首。她24岁嫁给年近花甲的晚明才子、文坛泰斗钱谦益。明亡之前，两个人在江南过了一段田园牧歌式的生活，二人诗歌对答，翰墨情深，还专门制作了一对夫妻砚以见证这段甜美的爱情。明朝灭亡后，钱谦益降清，柳如是却不忘故国，在政治上二人志向不同，不过政治分歧并没有斩断他们之间的爱情，后来钱谦益病死杭州，悲痛欲绝的柳如是悬梁自尽殉情而死，给后人留下了一段哀婉感伤的爱情故事。钱谦益和柳如是的夫妻砚也从此劳燕分飞，散落民间。

得到柳如是砚，张伯驹兴奋得几乎是一夜未眠。第二天天刚亮，一个琉璃厂的古董商人就敲开了张家的大门，他这次送来的不是字画，而是一方制作精良的砚台。张伯驹经过仔细鉴赏，发现这方砚台竟然就是钱谦益用砚，刚刚得到柳如是砚，而钱谦益砚就从天而降，世间竟有如此的巧合，以

柳如是像

钱谦益像

至于让张伯驹本人都觉得有些不可思议，但这巧合却实实在在地发生在眼前，张伯驹感叹确实与这对前朝名士夫妇有缘！于是强按住自己内心的激动，以极低的价格就将钱谦益砚买到手。钱谦益和柳如是"夫妻砚"在张家一夜合璧，很快就被收藏界传为趣谈，对于这件事情，无论是巧合也好，是天意也罢，但确实给张伯驹带来了超乎寻常的快乐。一直到晚年，张伯驹还为这次奇遇津津乐道。但是要说张伯驹在砚台方面的收藏，让他平生最为得意的还不是这对"夫妻砚"。后来一方更为著名的古砚又被张伯驹发现，这块砚台一经面世就在当时的红学界引起了巨大轰动。因为它就是见证《脂砚斋重评石头记》诞生的脂砚。这块脂砚传世近400年，它背后肯定有不少曲折离奇的故事，下面我们就一起追根溯源说脂砚。

张伯驹并没有收藏砚台的癖好，但是作为文化大家，说到砚台的鉴赏和发展历史，他仍然是行家里手。

砚台是中国文房四宝之一，是古代文人的必备用品。据考古史料记载，早在新石器时期，砚台就已经有了雏形，当时主要用来研磨颜料。在安阳殷墟妇好墓中就有完整的研磨器出土。到了秦朝，砚台的形状已经非常规范了。西汉时期，砚台的制作工艺有了显著的提高，当时制砚的材质很多，比如石头、青铜、陶土等。东汉的训诂学家刘熙就对砚台作了较为准确和详细的定义：

> 砚，研也，研墨使和濡也。
> ——东汉·刘熙《释名》

从魏晋到隋唐，经过匠人们千挑万选，最终确定了以石材为主的砚台制作。很早的时候，中国就有了"四大名砚"之说。哪四大名砚？主要有用甘肃临洮的洮河石制作的洮河砚，用广东端州的端石制作的端砚，用安徽歙州的歙石制作的歙砚，还有山西绛县的澄泥砚，并列称为中国四大名砚。

砚台的制作工艺不断在进步，发展到明清时期，制作更为精良，雕刻更加细腻，当时还产生了许多制砚能手，像明末的顾二娘、吴万有等人。所以这个时期制作精良的砚台，已逐渐不仅为了实用，更成为文人士大夫所喜爱的艺术收藏品了。王穉登就是这样一个文人。

王穉登，苏州人，明朝后期诗人、文学家。据《明史》记载，王穉登4岁能对对联，6岁能书擘窠大字，10岁的时候诗就写得非常好了。王穉登还专门拜吴门画派的领袖文徵明为师，学习书画，所以他在书画艺术上的造诣也非常高。钱谦益曾说：

> 名满吴会间，妙于书及篆、隶。闽粤之人过吴门者，虽贾胡
> 穷子，必踵门求一见，乞其片缣尺素然后去。
>
> ——清·钱谦益《列朝诗集》

明末清初的金陵秦淮河畔，以柳如是为首的秦淮八艳，吸引了众多的书生才子来这里寻欢猎艳，也由此衍生出一幕幕才子佳人的爱情故事。

王穉登是出了名的风流才子，更是撩妹的高手，有关他的风流韵事流传很多。1573年，39岁的王穉登看中了一位年轻貌美的才女，为了一近芳泽，王穉登就想尽各种办法讨好这位美女。他知道美女喜欢书画丹青，所以就专门找到苏州的制砚高手吴万有，希望能定制一方砚台送给心仪的美女。当时吴万有手中存着一块名贵的端溪老坑原石，端砚因为产于广东肇庆东郊的端溪，因而得名。端砚材质轻，刚中带柔，摸上去就像婴儿的皮肤，温软细腻，甚至有呵气就能研墨的优点，所以端砚素有"群砚之首"的称号。端石自从唐代开始当作制砚材料以来，就非常受文人雅士的青睐。端砚的品种很多，比如吴万有的这块石头就有天然的胭脂晕，是一块绝品鱼脑纹石。这里所说的胭脂晕是指砚石放入水中，石上就会呈现出块状或条状的胭脂红色，就好像女孩子脸颊抹上了胭脂一样。这块端石，经过名匠吴万有的精雕细琢，被打造成一块拳头大小的砚台，砚台宽一寸五分，长一寸九分，折合成现在的尺寸大概就是5厘米宽，6.3厘米长，正好可以握在手中。砚面刻有两条柳枝，显得十分素雅清新。看到制作如此精美的砚台，王穉登乘兴赋诗一首，刻在背面：

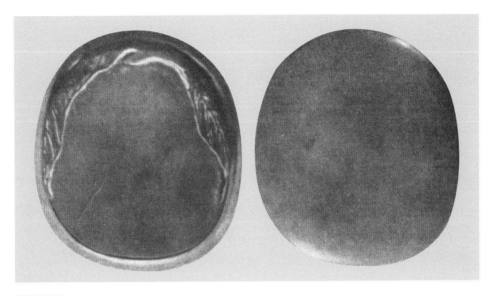

薛素素脂砚

王穉登脂砚题诗

仇珠绘薛素素像

调研浮清影，咀毫玉露滋。

芳心在一点，余润拂兰芝。

————素卿脂研　王穉登题

　　随后，王穉登又专门定制了一个珊瑚红的朱漆盒，还请女画家仇珠为心仪的美女画像，并刻在朱漆盒的盖内。像凭栏而立，形神兼备。画像的右上方写有篆书"红颜素心"四个字，左下方刻上了"杜陵内史"的小方印，女画家仇珠在画史上的名气不是太大，但是她父亲却是明代著名的绘画大师仇英。仇英临摹的北宋张择端的《清明上河图》一直被乾隆皇帝当作真迹收藏。王穉登为了显示这是自己给美女量身订做的名牌奢侈品，还让吴万有在珊瑚漆盒底部加刻款识：

　　万历癸酉姑苏吴万有造

　　万历癸酉（1573）时王穉登已年近四旬，这位文坛大佬如此热血沸腾挖空心思、量身订做了这件绝美礼品，究竟是为了一位什么样的美女？我们再来看这方砚台，在砚台背面的题诗中，王穉登写下了"素卿脂砚"四个字，因为这方砚台是用有胭脂晕的端石制作，所以命名为脂砚，也有人说，这砚台是女孩子用来调制胭脂的。总之，脂砚是这方砚台的名字。"素卿"就是专指王穉登心仪的这位美女。那么素卿是何许人也？历史上到底有没有这个人物呢？素卿本名薛素素，小字润娘，江苏吴县人，是明代万历年间的一位才华横溢、能书善画、人见人爱的绝色美女，可惜后来流落笑场，成了江南名妓。传说当时的许多大才子，像洪昇、孔尚任等人都拜倒在她的石榴裙下。就连当时的文坛、画坛、书坛领袖董其昌对她的才华也爱慕有加，已贵为尚书的董其昌竟然还精心为薛素素用小楷一丝不苟地抄写《心经》，就是为了博红颜一笑。

　　据说王穉登精心打造的礼品确实打动了薛素素的芳心，不过有关两人的交往，正史和野史都没有留下什么确切的记载，倒是这方脂砚穿越历史风雨，一直完好无损地保存了下来。

### 三、不翼而飞

进入清朝康熙年间，脂砚一直收藏在薛素素的后人手中。

康熙二十九年（1690），曹雪芹的祖父曹寅任苏州织造，两年后又继任江宁织造。曹寅深得康熙皇帝的信任，康熙曾把出版《全唐诗》和《佩文韵府》的两大文化工程交付曹寅来办，康熙帝六次南巡，其中四次都住在曹家。曹寅是康熙皇帝跟前的红人，在当时，这已是公开的秘密，所以很多地方官员都以能够攀附上曹寅为幸事。约1716年，有一个叫余之儒的小官，打听到曹寅有收藏古董的嗜好，为了能得到升迁，余之儒就给薛素素后人盖了三间瓦房，换来了脂砚送给曹寅。至于这小官后来是不是得到升迁，今天已无从考证。倒是薛素素的这方脂砚，在沉寂多年后进入了曹家，从此这块石头就像贾宝玉一样开启了一段神奇的《红楼梦》之旅。曹寅去世后，脂砚就由他的后人收藏。这位曹氏后人非常珍爱这方砚台，他不但把自己的书斋号命名为"脂砚斋"，而且他还在砚的侧面刻题：

脂研斋所珍之研，其永保。

这个"研"字在古代和砚台的"砚"通用。意思是说：脂砚斋珍藏的砚台，应当永远保存。关于这十个字是谁所写，目前有不同说法：一种认为是脂砚斋本人的语气，是自题；另一种意见则认为是曹雪芹代脂砚斋题写。而这位脂砚的收藏者就用脂砚斋的名字，多次点评《红楼梦》。

从脂砚斋批语可以看出，他和作者曹雪芹关系是相当的密切，二人应该有相同

脂研斋所珍之研其永保

的生活经历，脂砚斋非常熟知曹雪芹在书中采用的多种奇妙手法。另外，他很可能还参与了《红楼梦》这本书的创作，他的一些意见也得到曹雪芹的认可，比如，《红楼梦》第十三回，写到秦可卿之死，脂砚斋批曰：

> 秦可卿淫丧天香楼，作者用史笔也……因命芹溪删去。
>
> ——《脂砚斋重评石头记》

果然，曹雪芹接受他的建议删去了这一节的内容。

那么脂砚斋这个神秘人物究竟是谁？他到底什么来头？关于脂砚斋的身份，红学界意见不一，目前主要有四种说法：

1. 作者；
2. 妻子；
3. 叔父；
4. 堂兄弟。

这些推断都是针对脂砚斋和曹雪芹的关系而言，在没有得到确切证据之前，这四种说法均有合理性。1943 年，文博大家史树青当时还是辅仁大学的在读生，一天他到北京隆福寺的旧书摊闲逛，在一家叫作"青云斋"的旧书店里，偶然发现了清朝皇族裕瑞的《枣窗闲笔》，这本书的出现揭开了脂砚斋的真实面纱。裕瑞姓爱新觉罗，清宗室，他的舅父和曹雪芹是好友，所以在《枣窗闲笔》一书中，裕瑞交代：

> 曾见抄本卷额，本本有其（雪芹）
> 叔脂砚之批语，引其当年事甚确。

裕瑞和曹雪芹生活的年代非常近，这是《红楼梦》面世后，第一个明确地指出脂砚斋就是曹雪芹叔父的人，所以脂砚斋是曹雪芹叔父这一说法还是比较可靠的。

不过，遗憾的是，民国以后，关于脂砚斋再也没有任何新的史料出现，红学研究也没有太大的突破，渐渐地有一些研究者甚至对《脂砚斋重评石头记》一书的真实性产生怀疑，认为历史上根本就没有"脂砚斋"这个人，进而否定曹雪芹的著作权。在学术研究上讲究"孤证不立"，仅靠裕瑞《枣窗闲笔》的一条记录，确实还不能完全证明脂砚斋的身份。20 世纪 60 年代，脂砚斋珍藏的脂砚被张伯驹偶然发现，这给脂砚斋的真实存在再次提供了有力证据。

1963 年春节前夕，时任吉林省博物馆第一副馆长

清　裕瑞《枣窗闲笔》

的张伯驹和夫人潘素回到北京休假。一天，古董商人白坚甫从重庆带来一方砚台请张伯驹鉴赏。张伯驹经过仔细鉴定，认定这方砚台就是历史上著名的脂砚。据史料记载，脂砚从雍正以后一直被保存在北京，那么，后来究竟又是什么原因，致使它最终流落到了遥远的西南之地呢？

据说，曹家彻底败落以后，脂砚流落到了北京一家当铺，后来被端方买走。端方，1861 年出生，满洲正白旗人，曾当过直隶总督、北洋大臣。其实，端方除了做官以外，他还有一个重要的身份，就是著名的金石学家和收藏家。

1911 年，端方在直隶总督任上调任川汉粤汉铁路大臣，他携带心爱的脂砚及《红楼梦》早期刻本赴任。端方上任后，强行将四川当地民办铁路收归国有，激起兵变，被杀。端方死后，他的收藏全部散落，脂砚辗转被四川本地的一位收藏家得到，此后一度销声匿迹。20世纪 50 年代，一位重庆的金石学家在一家旧货地摊上，买下脂砚，据说仅花了 25 块钱。后来由古董商人白坚甫带到北京，经张伯驹鉴定，脂砚确实是薛素素旧物。张伯驹当时正担任吉林省博物馆第一副馆长，就把脂砚收归馆有，一共花费 800 块钱，也有一说是 1200 块钱。同时，张伯驹还把自己一幅珍藏了多年的薛素素《墨兰图》真迹捐出来，希望与脂砚永远相守。

端方像

脂砚斋批语说："壬午除夕，书未成，芹为泪尽而逝。"按这个说法，曹雪芹去世于壬午除夕，就是乾隆

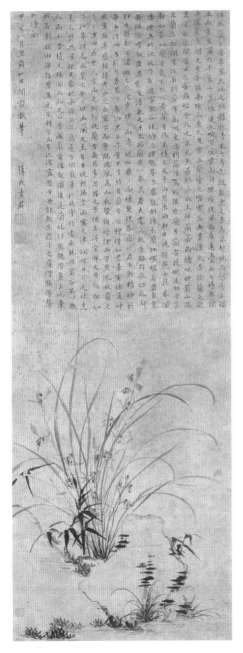

明 薛素素《墨兰图》

二十七年除夕，这一年除夕是 1763 年 2 月 12 日，到脂砚被发现的 1963 年，正好是曹雪芹逝世二百周年。是年，文化部门准备举办"曹雪芹逝世二百周年纪念展览会"，经王世襄、黄苗子与张伯驹联系，吉林省博物馆将所收藏的脂砚及《楝亭夜话图》一并借出参展。没想到，这次展览却发生了一件令张伯驹和红学界都不愿意看到的事。

1963 年 8 月 17 日，由国家文化部、中国文联、中国作家协会和故宫博物院联合主办的"曹雪芹逝世二百周年纪念展览会"，在北京故宫文华殿举行。会上展出了有关曹雪芹生平的大量资料和文物，张伯驹为吉林省博物馆收得之脂砚以及由其捐赠给吉林省博物馆的薛素素《墨兰图》，一并作为《红楼梦》相关的重要文物参展。展览会从曹雪芹的生平、家世到《红楼梦》的各种版本、著述，再到《红楼梦》时代的参考文物，以及康、雍、乾时代的服饰、器物、书画美术作品和园林建筑等，共设置了 6 个展室，2400 件展品，琳琅满目，洋洋大观，吸引观众 21 万人次，堪称盛况空前。

北京展览结束后，这批文物又受邀出

国展出，一直到 1966 年才回国。由于不可预知的原因，脂砚后来竟然不翼而飞。红学研究也如同《红楼梦》这部小说一样，充满了神秘性和不可预知性。珍贵的乾隆甲戌本《脂砚斋重评石头记》在民国时期也不幸流失海外，直到 2005 年，才由国家花重金从美国康奈尔大学图书馆重新购回，收藏于上海博物馆，从此这本在海外漂泊了半个多世纪的奇书，又重新回到了它的发现地上海。但遗憾的是，曾经见证了这本书诞生的脂砚，经过短暂的现身，又神秘失踪，至今下落不明，制造了当代中国红学史上一桩最为著名的悬案。

《红楼梦》是一部世所公认的奇书，有关这部书的一切仿佛都充满了传奇。一生立足于研究传统文化，专心收藏保护书画文物的张伯驹，也是中国文化界的一个传奇式的人物。前面我们曾介绍了张伯驹在书画收藏、诗词、戏曲方面取得了很大的成就，其实张伯驹本人也是一位书画兼修的大艺术家，他晚年写就的一笔轻盈飘逸的字体，被文化界尊称为鸟羽体。那么，这鸟羽体究竟是一种什么样的书法字体？张伯驹在书画创作上到底又有什么特色呢？

## 第十章

# 书画焕彩 因蔡襄

陸軍模範團畢業學生張家騏謹

呈為家父病勢垂危泣請送入醫院事竊家騏前因家父鎮芳在

獄患病曾經呈懇

大部送入醫院調治以防不測旋蒙批示駁斥本不敢再三瀆請

呈為家父病勢垂危泣請送入醫院事竊家騏前因家父鎮芳在

獄患病曾經呈懇

大部送入醫院調治以防不測旋蒙批示駁斥本不敢再三瀆請

惟家父舊病依然近日又連次腹瀉將成烟漏症極危險續據醫

生方擎所開診斷書痛悉病勢較前更劇家騏天性所關恨不能

以身代父務乞

张伯驹小楷书法

## 一、《自书诗帖》

张伯驹一生痴迷传统文化，专心收藏保护中国古代书画文物，被誉为文化界传奇。美术教育家刘海粟曾这样评价张伯驹："从他广袤的心胸涌出了四条河流，那便是书画鉴藏、诗词、戏曲和书法。"本书前几章详细介绍了张伯驹在书画收藏、诗词、戏曲方面的成就，其实张伯驹本人也是一位书法家，还是一位非常有特色的文人画家，下面就来介绍张伯驹在书画艺术方面的造诣。

张伯驹 8 岁入私塾，接受传统国学教育。过去读书识字，首先要学习书法，这是要成为一个读书人的最基本要求。而学书法，第一步就是描红。所谓描红，是我国传统的习字方法，初学书法的人在印有红色字体或空心红字的纸上摹写，或者在字上面蒙上一张透明纸，学书者就用毛笔去描那个红字，这就叫描红。描红是古人学习书法总结的宝贵经验，这是书法入门的最基本的训练方法之一。描红写到一定阶段后，就基本上掌握了汉字的间架结构，接下来开始下一步学习。学习什么呢？那就是对帖临摹。临摹又分三个步骤：

　　1. 对临，将字帖放在眼前，看一笔写一笔。

　　2. 背临，就是不看字帖，凭着记忆将字背写出来。

　　3. 意临，临写字帖的时候，不求形似，只追求书法整体的神韵。

临帖是学习书法的一个重要过程，是必由之路。只有通过临帖，才能体会前人的书写规则，揣摩他们的运笔方法，掌握汉字的结构规律。总之，只有经过刻苦临帖学习，在充分继承前人的基础之上，才能写出自己的面貌，最终形成自己的风格。

张伯驹学习书法，也是从描红开始，楷书一笔一画学习钟繇。在 20 多岁的时候，已经写出了自己的独特面貌。钟繇是三国时期著名的书法家，他是小楷字体的创始人，对后世书法影响深远，被誉为"楷书鼻祖"，与书圣王羲之并称为"钟王"。

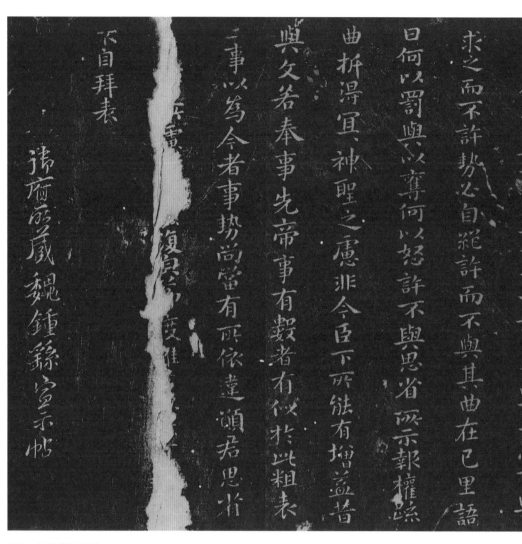

三国　钟繇《宣示表》

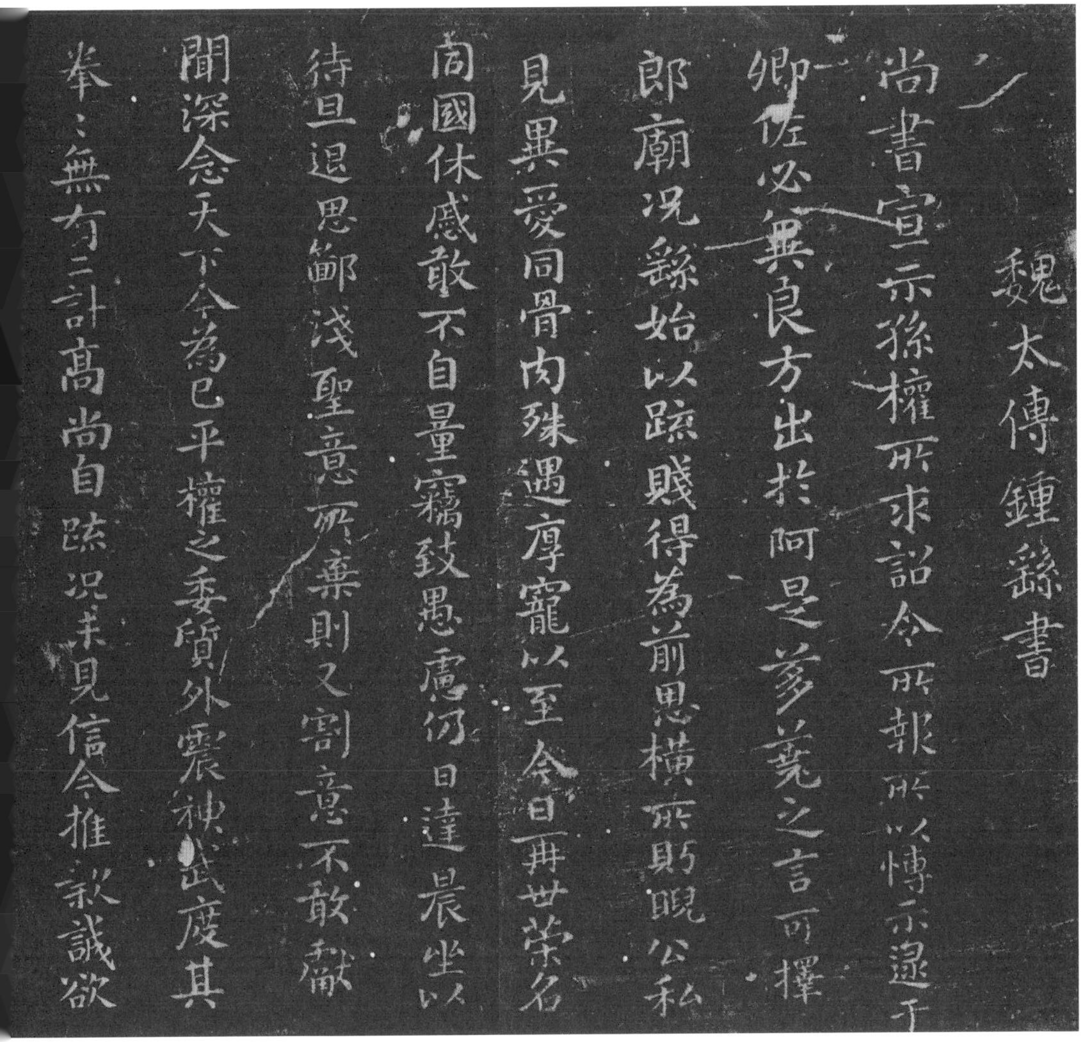

魏太傅鍾繇書

尚書宣示孫權所求詔令所報所以博示遠于
卿佐必異良方出於阿是芽羲之言可擇
郎廟況繇始以踈賤得為前恩橫所眄公私
見異愛同骨肉殊遇厚寵以至今日冊世榮名
尚國休感敢不自量竊致愚慮何日達晨坐以
待旦退思鄙淺聖意所棄則又割意不敢獻
聞深念天下令為已平權之委質外震神武度其
舉厝無有二計高尚自踈況未見信令推款誡欲

钟繇的代表作有《宣示表》《荐季直表》等。除了钟繇,张伯驹最喜欢的另外一位书法家就是书圣王羲之,他的行草书专门学习王羲之的《十七帖》。那么,《十七帖》是一本什么样的字帖呢?下面就来简单介绍一下这本著名的草书字帖。

《十七帖》是书圣王羲之的草书代表作,其实就是一部书信集,在古代,帖就是书信的别称。因为《十七帖》的第一帖起首两个字是"十七",所以古人就以"十七帖"来命名。据考证这些书信是王羲之写给他的朋友益州刺史周抚的。书信前后延续时间长达 14 年之久,是研究王羲之书法和生平的重要史料。

据唐代张彦远的《法书要录》记载,《十七帖》是唐朝贞观内府的收藏,长一丈二尺,一共有 107 行,943 个字,在当时就是非常著名的字帖(现今的流行版本多为 134 行,1166 字)。众所周知,唐太宗李世民非常喜欢王羲之的书法,搜集了他的作品有近 3000 幅,挑拣出 20 多件书信装成一卷,这就是《十七帖》的由来。谈到王羲之的书法,李世民可以说是王羲之的铁杆粉丝,他这一生对王羲之的书体顶礼膜拜,当上皇帝以后更是不惜动用国库的金帛,在全国范围内搜寻王羲之书法真迹。大家都听说过李世民与《兰亭序》的故事,由于他酷爱王羲之《兰亭序》,据说李世民去世后《兰亭序》随葬昭陵,致使这件顶尖级的国宝至今下落不明,这也是中国文化史上的一大遗憾。

唐宋以来,《十七帖》一直被当作学习草书的最佳范本,被后世奉为书法皇冠上的明珠。只可惜,真迹早已被毁,现传世《十七帖》是摹刻拓本。张伯驹早期钟情王羲之,他是亦步亦趋、认认真真地学习《十七帖》,我们看一下张伯驹早期的书法,行笔刚劲洒脱,具有明显的王羲之笔意。但是再来看一下张伯驹晚年的书体,这个时期书风却大变,用笔飘逸洒脱,行笔如春蚕吐丝般自由自在,字的结体又像鸟雀张开翅膀在天空自由飞翔,这是张伯驹晚年独创的一种书体,书坛还给这别具一格的书体送了一个雅称"鸟羽体"。反过来看,张伯驹晚年的"鸟羽体"书法与青年时期的书体确实差别很大,虽然依旧是二王的书韵,但几乎找不到《十七帖》的痕迹了,张伯驹后来也说:

假使二百年后有鉴定家视余五十岁以前之书，必谓为伪迹矣！

——张伯驹《宋蔡忠惠君谟自书诗册》题跋

　　张伯驹的书法从青年时期的比较规整严谨，到晚年自由烂漫的"鸟羽体"，这中间他经历了一个什么样的学习过程？要知道"鸟羽体"的形成，与张伯驹收藏的一件北宋著名书法家蔡襄的《自书诗帖》有着重大的关系。

　　蔡襄，福建仙游人，字君谟，北宋著名书法家。一提到北宋书家，大家最熟悉的就是"苏黄米蔡"了，这"苏黄米蔡"最初是指苏东坡、黄庭坚、米芾和蔡京，但是因为蔡京是大奸臣，人品不端，后人就把蔡京换成他的族兄蔡襄了。其实蔡京和蔡襄的书法写得都很好，蔡京一开始就是临摹学习堂兄蔡襄的书体。蔡襄的书法宗承王羲之，浑厚端庄，婉约淳淡。蔡襄非常看重自己的书法，他很少送人，以至于写给朋友的普通书信，都被当成珍品收藏。北宋的大文豪欧阳修和苏东坡就非常推崇蔡襄，称赞他的书法是当世第一。

蔡襄像

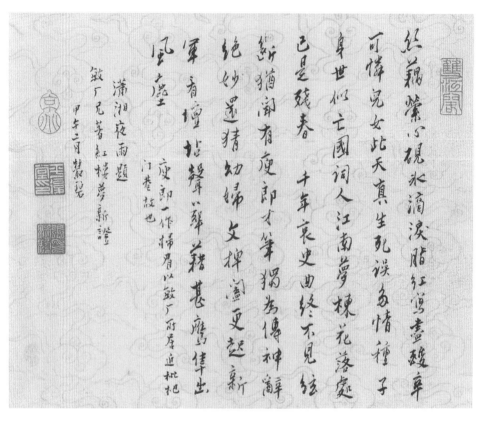

红藕荷心砚水滴溪脂红写尽馥章
可惜兒女此天真生孔误多情种子
身世似亡国词人江南梦栋花落处
已是残春　千年哀史曲终不见纹

断猹窗有人即女笔独为传神韵
绝妙还猜幼妇文撑灯更起新
笔有坛始声一华一辎甚鹰隼千出
风露

潇湘夜雨题
敏广兄著红楼梦新證
甲午二月慧碧

张伯驹《潇湘夜雨》，周汝昌藏

张伯驹"鸟羽体"书法作品，张伯驹潘素纪念馆藏

蔡襄为人忠厚、正直，人品和官望都远在他的族弟蔡京之上，但是蔡襄的仕途却远没有蔡京顺畅，他曾一度得不到重用，被外放福建老家做官。北宋皇祐二年（1050），蔡襄从福建任上被召回汴京帮皇帝修《起居注》。他历时半年多，从福州一路往北，将沿途的见闻写成五言或者七言诗共 11 首，这部手写的诗稿被装裱在一起，就是流传到今天的珍贵墨迹《自书诗帖》。《自书诗帖》曾经被南宋奸相贾似道收藏，贾似道虽然不学无术，但是却特别推崇蔡襄的人品和书艺，他竟然在这卷书法上盖了"贾似道图书子子孙孙永宝之""贾似道印""似道""封""悦生"等五枚收藏印章，足见对《自书诗帖》的重视程度。清朝的时候，《自书诗帖》归梁诗正收藏，后来又进入清宫。遗憾的是，当蔡襄的《自书诗帖》进入清宫的时候，已是嘉庆新朝，爱书画如生命的老皇帝乾隆却没有眼福欣赏到这件墨宝！《自书诗帖》在清宫内府一直保存到清末宣统帝溥仪时期。那么，张伯驹又是如何收藏到这件国宝的呢？要了解这一段历史，还是要回到清末民初的那次清宫内府的书画大流散。

辛亥革命后，根据民国政府的优待条例，逊帝溥仪仍然住在皇宫，此后的十多年间，溥仪观察形势，感觉到自己不可能在宫内长久居住下去，他就想尽一切办法，将内府收藏的历代珍贵书画偷盗出宫。当时宫中的内务府已形同虚设，混乱一片，对于祖产，皇帝偷，皇后藏，甚至太监宫女也都没闲着，他们利用一切可利用的机会，盗取宫中的珍贵书画，然后再拿出去变卖兑现。当时嗅

贾似道在《自书诗帖》上盖的五枚印章

觉灵敏的古董商人，纷纷在故宫北门地安门一带开起了古玩店，专门收购由太监从宫里偷盗的书画文物。1920年前后，蔡襄的《自书诗帖》被太监偷盗出宫，卖给了地安门的品古斋。品古斋的老板又把这件书法以5000大洋的价格转卖给了收藏家朱文钧。说到朱文钧，我们感到很陌生，其实，他就是故宫博物院研究员、当代文博大家朱家溍的父亲。

收藏家朱文钧

朱文钧，号翼盦，浙江萧山人，毕业于英国牛津大学，辛亥革命后曾任盐务署厅长。朱文钧工书善画，喜爱收藏，尤精金石学，故宫博物院成立后就被聘为专门委员。他一生热衷文物收藏，他的藏品主要包括历代碑帖、图书和明清家具。尤其是在古典家具收藏方面，朱文钧应该是民国第一人。后来明清家具专家王世襄，在撰写《明式家具珍赏》一书的时候，就借用了朱文钧老先生的很多藏品。朱文钧得到蔡襄的《自书诗帖》后自然是欢喜异常，他小心翼翼地保护着这件国宝，把《自书诗帖》锁在保险柜里，钥匙更是随身携带。没想到，后来还是由于他的一次疏忽，致使这件国宝差一点就遭遇了毁灭之灾。

1932年的一天，朱文钧外出办事，不小心把保险柜的钥匙丢在了书桌上，等办完事回到家中，发现蔡襄《自书诗帖》竟然不翼而飞，后得知是被家中雇佣的一个叫吴荣的工人给偷走了。吴荣拿着偷来的国宝跑到琉璃厂的赏奇斋兜售，因为朱文钧珍藏《自书诗帖》的事整个收藏界都知道，赏奇斋老板一看就知道是赃物，他给吴荣只出价 600 元，并威胁如果不答应，就马上报警。随后立刻让琉璃厂的同行通知朱文钧，朱老先生害怕吴荣损毁诗帖消灭证据，所以就决定不再追究他的责任，而是花重金迅速把《自书诗帖》从琉璃厂赎了回来。这次失窃事件，让朱文钧后怕不已，因为蔡襄传世书法很少，他害怕国宝一旦在自己手中毁掉，那不就成了历史罪人了吗？所以立刻出资委托故宫博物院用当时最新的技术珂罗版影印出版，以嘉惠艺林。1937 年，朱文钧病逝，蔡襄《自书诗帖》就由他的子女收藏。1940 年，朱老先生的母亲去世，因为当时是日伪时期，北京沦陷，家中经济状况十分拮据，为了筹措丧葬费，朱家后人就将蔡襄的《自书诗帖》以 4500 大洋的价格卖给了张伯驹。

在这里，还要简单交代一下有关朱文钧收藏品的情况。朱文钧是故宫博物院首批特聘专门委员，他对故宫的感情很深，所以他生前就留下话，要把自己的收藏捐赠故宫。新中国成立后，在朱家溍的带领下，朱家后人将所藏全部碑帖、善本、古籍 700 多种 20000 多册，还有明清紫檀、红木家具和大批的端砚、宣炉等文物，无偿捐献给国家。

蔡襄完成《自书诗帖》的时候约 40 岁，正是人生的盛年。写这部诗稿，蔡襄本来无意求工，所以写起来只求直抒胸臆，不受规矩约束，却在无意识中把二王的神韵表现得淋漓尽致，也成了蔡襄传世法书的代表作。

张伯驹的书法，在得到蔡襄《自书诗帖》之前一直在学习钟繇和王羲之，他老感觉自己的字体呆滞，缺乏王羲之的神韵。当看到《自书诗帖》真迹以后，张伯驹可谓脑洞大开，他认为从此以后才逐渐找到了学习王书的要领，那就是：

> 盖取其貌必先取其神，不求其似而便有似处；取其貌不取其神，求其似而终不能似。
>
> ——张伯驹《宋蔡忠惠君谟自书诗册》题跋

从此以后，张伯驹开始专心临摹钻研蔡襄《自书诗帖》，最终形成了如春蚕吐丝、燕雀高翔一样的"鸟羽体"书法。我们如果仔细观察《自书诗帖》，从神韵上还是能分辨出张伯驹"鸟羽体"的原始出处，只不过，张伯驹凭借着他渊博的学识和开阔的胸襟，把蔡襄书法中的精髓了无痕迹地吸收到自己的书法当中了。

张伯驹通过学习蔡襄的《自书诗帖》，从而形成了独特的书法面貌，他也很愿意把心得体会传授给喜爱书法艺术的年轻人。

新中国成立后，他积极投入中国传统书法的普及教育工作之中，参与创办了新中国第一个书法组织。1956年，为弘扬书法艺术，培养书法人才，张伯驹与叶恭绰、陈云诰、郑诵先等著名书家共同发起创建了新中国第一个书法研究社——北京中国书法研究社。社长由陈云诰担任，张伯驹与溥雪斋等人担任副社长。郑诵先担任秘书长。陈云诰是清朝末代状元刘春霖同科的进士，中国著名书法家，郑诵先也是著名的章草书法大家。当时由于条件所限，书社虽然成立了，却还没有办公的地方，张伯驹就让书法研究社在后海的自己家中办公。北京中国书法研究社几乎吸纳了所有在京的书法名家，书社利用自身的优势，不断举办书法展览，开展学术研究，并积极培养年轻的书法爱好者，比如书法大家沈鹏、刘炳森、欧阳中石等人，都得益于书法研究社的培养。

北京中国书法研究社是新中国成立后的第一个群众书法组织，它的成立在中国书法史上具有里程碑意义，对推广和弘扬传统书法艺术、普及书法教育，可以说做出了巨大贡献，也为后来成立中国书法家协会奠定了理论学术基础。

1981年5月，中国书法家协会在北京成立，84岁高龄的张伯驹受邀参加了成立大会，并当选为中国书法家协会名誉理事。

张伯驹独创的鸟羽体书法，个性鲜明，独树一帜。张伯驹注重传统文化的全面修养，开阔的学术视野，扎实的国学功底，成就了他晚年书艺的炉火纯青。他除了诗词创作以外，还擅长作对联，至今还有许多脍炙人口的绝妙佳联传世。

### 二、楹联圣手

说到对联，它和诗词一样，是中国特有的文学样式。对联古称桃符，相传起源于五代后蜀的皇帝孟昶，又称对子、门对、春联、楹联等等，是一种对偶文学，讲究对仗工整，平仄协调，是中国独有的艺术形式。根据不同的需要，对联又分春联、庆联、挽联等样式。尤其是春联，作为民族的传统习俗，是中华文明的重要组成部分，更是中国传统文化的瑰宝。楹联习俗在大中华圈广泛流传，对于弘扬民族传统文化有着重大作用。2005 年，对联已被列入第一批国家级非物质文化遗产名录。

张伯驹擅长写对联，作嵌名联更是一绝。比如，张伯驹第一次在上海滩遇到了风华绝代的潘素，就被她深深吸引了。潘素弹得一手好琵琶，人送雅号潘妃，才思敏捷的张伯驹随即口占一联相送：

潘步掌中轻，十里香尘生罗袜；
妃弹塞上曲，千秋胡语入琵琶。

这副嵌名联不仅把"潘妃"两个字十分巧妙地嵌在联首，而且还把潘素比作汉朝的才女王昭君，把她善弹琵琶的特点也概括进去了。这副对联立刻让潘素对张伯驹产生了好感。本来张伯驹风度翩翩，一表人才，又是银行家，按现在的流行语来说：明明可以靠颜值，却偏要拼才华。这副嵌名联确实打动了潘素的芳心，后来两人结成百年之好。

古代有曹植七步成诗，对张伯驹来说，这也全不是事。张伯驹才思敏捷，韵学功底深厚，典章制度烂熟于心，据说他作对联比平常人说话都要快。比如在北京荣宝斋成立三十周年的雅集上，张伯驹写给荣宝斋的嵌名联更令人拍案叫绝：

潘素

荣光照耀珊瑚网；

宝绘珍藏书画船。

联中用典"珊瑚网"，《珊瑚网》是明汪珂玉所撰的书画著作，全书 48 卷，这里特指荣宝斋收罗的珍宝文玩；"书画船"这个典故指的是北宋书画博士米芾展陈书画的游船，在这里指荣宝斋收藏的名家书画。这个嵌名联，用典文雅，又把荣宝斋经营买卖书画的特性准确地表达了出来。

文博大家史树青和张伯驹结识很早，两人亦师亦友，20 世纪 70 年代末，在一次活动上两个人久别重逢，张伯驹非常高兴，就当场写了一副嵌名联相赠：

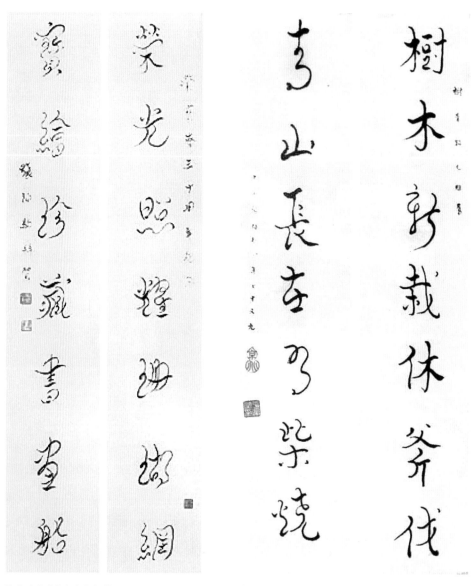

张伯驹书赠荣宝斋嵌名联　　　　　张伯驹书赠史树青嵌名联

树木新栽休斧伐；

青山长在有柴烧。

这副对联立意高雅，又不着痕迹地将"树青"二字嵌入联中，是嵌名联中的翘楚之作。

傅增湘

傅增湘曾是民国教育总长，著名的藏书家，张伯驹还是在傅增湘的帮助下，才最终从画家溥儒手中得到了国宝《平复帖》。张伯驹和傅增湘年龄相差 26 岁，是两代人，但他们的兴趣爱好相近，所以就结成了忘年之交。每年清明前后，二人经常邀请书画、诗词界的好友，结伴到北京西山大觉寺去观赏杏花。张伯驹和傅增湘还分别在大觉寺外的杏林中，一南一北建造两个亭子。张伯驹建造的这个亭子命名"北梅亭"。为什么叫"北梅亭"？因为在历史上有"梅花不过江"的说法，按梅花的习性，在历史上只能生长在长江流域，黄河流域根本栽不活梅花，所以北方文人雅士就把杏花当作梅花来看，雅称杏花为"北梅"。随着科技的发展，20 世纪 80 年代，在北京林业大学陈俊愉院士的努力下，梅花开始引种到北方，现在以北京为中心，梅花甚至已移栽到黑龙江。傅增湘则从唐朝诗人高蟾的诗句"天上碧桃和露种，日边红杏倚云栽"，选出"倚云"这两个字，把亭子命名为"倚云亭"，其实还是暗指杏花。1949 年，傅增湘病逝，张伯驹写下了一副著名的挽联：

万家爆竹夜，坐十二重屏华堂，

犹记同观平复帖；

　　卅里杏花天，逢两三点雨寒食，不堪再上倚云亭。

　　张伯驹没有专门学习过绘画，不过中国绘画讲究书画同源，张伯驹擅长书法，所以无师自通，在绘画上也有自己的独特面貌。他的绘画题材，主要表现梅、兰、竹、菊四君子。在张伯驹的笔下，这些花木已不再是单纯的植物，而是变成了君子的化身。下面我们来欣赏一下张伯驹的绘画。

## 三、书画焕彩

　　梅，傲雪斗霜，玉骨冰肌；

　　兰，清雅幽香，洁身自好；

　　菊，凌霜竞艳，傲骨清绝。

　　从下文三幅绘画中可以明显地感觉到，张伯驹笔下画的是梅花、兰草、菊花，但又分明不是大自然中具象的梅、兰、菊。他是借兰草和菊花的清幽隐逸，来表达洁身自好；他又用梅花的玉雪精神来展示自己追求的人品节操。张伯驹的绘画以书法入画，具有强烈的个人面貌，他的绘画也就是画坛常说的典型的文人画。

　　那么，什么是文人画呢？所谓文人画，顾名思义，就是指中国古代文人、士大夫所作之画。

　　据说，唐代的王维是文人画的创始者，为了区别于民间画工和宫廷画院职业画家的绘画，北宋文豪苏东坡又提出了"士夫画"，元代大画家赵孟頫则称之为"文人之画"，在历史上正是这两个人进一步把文人画发扬光大。文人画多取材于山水、花鸟、梅兰竹菊等常见的自然景物，在创作的过程中，作者逸笔草草，不求形似，借

《红梅图》 张伯驹绘

《兰草图》　张伯驹绘

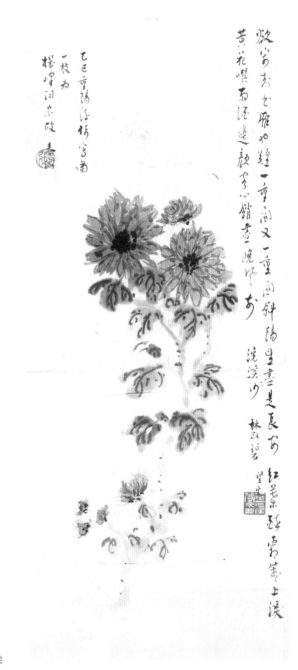

《秋菊图》　张伯驹绘

山水草木的特性来抒发感想或寄托自己的人生抱负。

文人画是一门综合型艺术，要求画家集文学、书法甚至篆刻等多方面文化素养于一身，尤其对书法的要求最为严格。我们常说字如其人，画如其人，其实就是指的艺术家在书写及画的过程中，他的思想、才情、个性和气质通过运笔过程的轻重缓急而体现出来。文人画发展到民国，著名学者画家陈师曾给文人画作出了一个更加准确的解读，他说：

　　　画中带有文人之性质，含有文人之趣味。不在画中考究艺术
　　上之功夫，必须于画外看出许多文人之感想。

　　　　　　　　　　　　　　　　　　——陈师曾《文人画之价值》

陈师曾强调，文人画必须以画家自身所特有的文学性、思想性和抒情性为根本，才能够独树一帜，才能与工匠画和院体画区别开来。他还进一步指出，文人画必须具备4个要素，这就是：人品、学问、思想和才情。只有具备这几点，才能成为一个优秀的文人画家。陈师曾特别强调画家的人品，把人品放在文人画要素的第一位。他本人也确实在这方面做出了表率。比如民国时期，陈师曾发现并无私地提携当时还默默无闻的画师齐白石，鼓励他衰年变法，建议他自出新意，齐白石最终成为一代国画大师。

作为文人画家的张伯驹，对于发现和培养年轻人也不遗余力。他曾在燕京大学担任中国艺术史导师，为了使学生能直接感受祖国的优秀文化，有一次他专门拿出收藏的珍贵书画，在燕京大学公开举办展览。这次展览中，一位燕京大学年轻的学子正在业余研究《红楼梦》，当他看到其中曹寅的《楝亭图》的时候，兴奋不已，因为这幅绘画后面的题诗是研究曹雪芹家世的重要文献，他就冒昧地提出想抄录这些题诗的要求，没想到张伯驹不但爽快地答应，而且很快就将一卷由书法家启功整理抄录的《楝亭图》诗稿送给了这位年轻的学子，从此相差整整20岁的两个人成了

忘年好友。张伯驹在这位青年的学术研究上一路相助，青年后来成长为我国著名的学者，他就是红学家周汝昌。

文物专家、著名学者王世襄早在 20 世纪 40 年代就认识了张伯驹，他们之间也因为国宝《平复帖》而结下了深厚的友谊。

1947 年，王世襄任职故宫博物院，他当时准备做有关中国古代书画的文献整理课题。王世襄准备从中国传世时间最早的陆机《平复帖》开始做起，当时《平复帖》收藏在张伯驹手上，众所周知，《平复帖》是国宝中的国宝，张伯驹更是把这《平复帖》当作自己的生命，年轻的王世襄与张伯驹并没有特别的交情，他担心伯驹先生拒绝拿出《平复帖》让自己研究。没想到，当王世襄忐忑不安地说出自己的想法以后，张伯驹竟然说：你一次次到我家来看《平复帖》太麻烦了，不如拿回家去仔细研究。就这样，这件稀世国宝在王世襄家一直存放了一个多月，直到王世襄把《西晋陆机〈平复帖〉流传考略》一文写完后，才还给张伯驹。

张伯驹之所以能在书画艺术上取得独特的成就，除了他的天赋和悟性以外，也得益于他的人品、修养和学识。除此之外，更是受益于他所收藏的历代书画珍品潜移默化的滋养。据统计，张伯驹一生收藏了 100 多幅国宝级的书画，对于这些收藏品的去向，早在 1932 年，张伯驹在《丛碧书画录》一书的序言中，就说出了自己的愿景，这也是他收藏的座右铭：

故予所收蓄，不必终予身为予有，但使永存吾土，世传有绪。

新中国成立后，张伯驹与夫人潘素把西晋陆机《平复帖》、隋展子虔《游春图》、唐李白《上阳台帖》、唐杜牧《张好好诗》、宋范仲淹《道服赞》、宋黄庭坚《诸上座帖》、宋蔡襄《自书诗帖》等多件国宝捐献给国家，实现了还珠于民，献宝于国的承诺。

中国还有很多像张伯驹先生这样，以保护文物为己任的收藏家，他们自觉传承民族文化，化私为公，把私人收藏品捐献给国家，变成全社会共同享有的资源，这不仅仅是中国文物之幸，更是中华传统文化之大幸。

文化部颁发给张伯驹的褒奖状

附 录

附录一　《丛碧书画录》（张伯驹　著）

## | 序

　　东坡为王驸马晋卿作宝绘堂序,以烟云过眼喻之。然虽烟云过眼,而烟云固长郁于胸中也。予生逢离乱,恨少读书。三十以后,嗜书画成癖。见名迹巨制,虽节用举债,犹事收蓄,人或有訾,笑焉不悔。多年所聚,蔚然可观。每于明窗净几,展卷自怡。退藏天地之大于咫尺之间,应接人物之盛于晷刻之内。陶镕气质,洗涤心胸,是烟云已与我相合矣。高士奇有云:世人嗜好法书名画,至竭资力以事收蓄,与决性命以饕富贵,纵嗜欲以戕生者何异。鄙哉斯言,直市侩耳。不同于予之烟云过眼,观矧今与昔异。自鼎革以还,内府散失,辗转多入外邦。自宝其宝,犹不及麝脐翠尾,良可慨已。予之烟云过眼,所获已多。故予所收蓄,不必终予身为予有,但使永存吾土,世传有绪,是则予为是录之所愿也。

1.〔魏〕仓慈

### 五王经　卷

为敦煌石室藏经，共六十三行。笔法古拙，墨色如漆。昔见晋六朝写经渐有此体。后款书"景初二年岁戊午九月十六日，敦煌太守仓慈为众生供养薰沐写已"。所见敦煌石室藏经，当以此卷为最古。

◎现收藏于北京故宫博物院

2.〔西晋〕陆机

### 平复帖　卷

是帖作于晋武帝初年，早于右军兰亭约百余岁。证以西陲汉简，是由隶变草之初，故文不尽识。卷首有宋徽宗金字标签，自《宣和书谱》，备见著录。入清乾隆丁酉，孝圣宪皇后遗赐于成亲王，后归恭亲王邸，为世传，无疑晋迹。金丝织锦，虾须倭帘犹在。宋缂丝仙山楼阁。包首已无存。

◎现收藏于北京故宫博物院

3.〔隋〕展子虔

### 游春图　卷

绢本，青绿设色。是卷自宣和以迄南宋元明清，流传有绪。证以敦煌石室、六朝壁画山水，与是卷画法相同，只以卷绢与墙壁用笔傅色有粗细之分。《墨缘汇观》亦谓山峦树石空钩无皴始开唐法。今以卷内人物画法皆如六朝之俑，更可断为隋画无疑。按中国山水画，自东晋过江中原，士夫见江山之美，抒写其情绪而作。又见佛像画背景自以青绿为始，一为梁张僧繇没骨法传自印度。是卷则上承晋顾恺之，下启唐大李将军，为

中国本来之青绿山水画法也。

◎现收藏于北京故宫博物院

4.〔唐〕李白

### 上阳台帖　卷

太白墨迹世所罕见，《宣和书谱》载有《乘兴踏月》一帖。此卷后有瘦金书，未必为徽宗书。余曾见太白摩崖字，与是帖笔势同。以时代论墨色笔法，非宋人所能拟。《墨缘汇观》断为真迹，或亦有据。按《绛帖》有太白书，一望而知为伪迹，不如是卷之笔意高古。另宋缂丝兰花包首亦极精美。

◎现收藏于北京故宫博物院

5.〔唐〕杜牧

### 赠张好好诗　卷

樊川真迹载《宣和书谱》，只有此帖，为右军正宗，五代以前、明皇以后之中唐书体。而《赠张好好诗》与《杜秋娘歌》久已脍炙人口，尤为可贵。入南宋，经贾似道藏。后元人观款系由褚临兰亭之观款而移于此卷者。明刻入董其昌《戏鸿堂帖》，清刻入梁清标《秋碧堂帖》。后有年羹尧观款。予有《扬州慢》一词题于后。此卷曾埋于地下，有一二印章颜色稍霉暗，字丝毫无损。

◎现收藏于北京故宫博物院

（原作品名并无"赠"字，此处为尊重张伯驹先生，保留之。——编者注）

6.〔宋〕范仲淹

### 道服赞　卷

此帖楷书，与《伯夷颂》并重，行笔瘦

劲，风骨峭拔如其人，诚得《乐毅论》法。三希堂刻帖视原迹神貌远甚。卷中宋印鲜艳夺目，后文与可跋亦极罕见。观此跋书体，可知世传与可画竹之多伪。

◎现收藏于北京故宫博物院

## 7.〔宋〕蔡襄

### 自书诗　册

　　行书，诗十一首，字体径寸，姿态翩翩。有欧阳修批语。蔡伸、杨时、张正民、蒋璨、向志、张天雨、张枢、陈朴、吴勤、胡粹诸跋。南宋经贾似道藏。按宋四书家蔡书深得兰亭神髓，看似平易而最难学。此册为蔡书之最精者。

◎现收藏于北京故宫博物院

## 8.〔宋〕黄庭坚

### 诸上座帖　卷

　　大草书，真字跋尾。笔势如古藤虬结，所谓锥画沙者似。之后吴宽、梁清标题。《石渠宝笈》为摹怀素帖。经贾似道、严嵩藏，文嘉籍。严氏《书画记》云前作草书，师怀素颇逼真，皆禅语也。旧藏于一佛寺，李范庵获之。枝山草书多出于此。自明以来已誉为黄书第一。

◎现收藏于北京故宫博物院

## 9.〔宋〕王诜

### 烟江叠嶂　图

　　绢本，青绿设色。笔意高古，犹有唐法。是卷载《宣和画谱》，的为晋卿《烟江叠嶂》真本。当时因禁苏文，东坡题诗经截

去。安岐《墨缘汇观》著录之《烟江叠嶂》卷当系晋卿他画而配入苏题诗者。故王凤洲跋谓歌辞与画境小抵牾也。后有元姚枢，明宋濂、黎民表题，清经宋荦藏。

◎现收藏于上海博物馆

## 10.〔宋〕宋徽宗

### 雪江归棹　图

　　绢本，墨笔，着微浅绛。布置精密，笔意超绝。是以董玄宰谓迥出天机而疑为摩诘之迹也。后蔡京跋。虽为误国君臣，而艺苑风流，自足千古。王世懋跋云："朱太保绝重此卷，以古锦为襟，羊脂玉为签，两鱼胆青为轴，宋缂丝龙衮为引首，延吴人汤瀚装池。太保亡后，诸古物多散失。余往宦京师，客有持此卷来售者，遂鬻装购得之。未几江陵张相尽收朱氏物，索此卷甚急。客有为余危者，余以尤物贾罪，殊自愧米颠之癖。顾业已有之，持赠贵人，士节所系，有死不能，遂持归。不数载，江陵相败，法书名画，闻多付祝融，而此卷幸保全余所，乃知物之成毁，故自有数也。宋君相流玩技艺，已尽余兄跋中。乃太保江陵，复抱沧桑之感。而余亦几罹其衅，乃为纪颠末，示儆惧，令吾子孙毋复蹈而翁辙也。"观此跋，其似世传《清明上河图》与严世蕃之事，余疑为《清明上河图》事即此图之传讹。按《明史·王世贞传》："杨继盛下吏，时进汤药。其妻讼夫冤，为代草。既死，复棺殓之。嵩大恨。"是世贞得罪严嵩，以椒山事为主，因父忤卒以论死。又"张居正枋国，以世贞同年生，有意引之，世贞不甚亲附（世贞以右副都御史抚治郧阳）。

所部荆州地震，引京房占，谓臣道太盛，坤维不宁，用以讽居正。居正妇弟辱江陵令，世贞论奏不少贷。居正积不能堪，会迁南京大理卿，为给事中杨节所劾，即取旨罢之"。与跋语中"持赠贵人，士节所系，有死不能"及"余亦几罹其衅"相合。且居正当国，严嵩已败，岂有先有《清明上河图》之事，而后又有此图之事，何一再示儆惧令子孙毋复蹈而翁辙耶？故余论断如此。《清明上河图》之事虽见明人笔记，然无世贞兄弟跋及收藏印，而此卷跋又如此，是不能无疑也。至宋缂丝龙衮引首至为精美，现犹存。明詹景凤《东图玄览》称韩宗伯藏钟繇摹《正考父鼎铭》，卷首古锦一幅，长四尺余，青地色，花阑中横一金龙，极鲜美。曾见王敬美徽庙《雪江归棹》卷，亦有如此锦一幅，生平见古锦如此二而已矣。考之周公谨《云烟过眼录》云是宣和法锦，是此缂丝在明代已属稀见。按《雪江归棹》尚有一赝作，尺寸题跋均相同，前隔水无宋内府编号字，无宣政小玺及乾隆题诗，无宋内府图书大印，而卷前后钤以项子京诸伪印，后题跋钤印亦不同。董其昌跋，真本为行草，而赝本为行楷，且"遇"字误为"过"字，似为清初人所伪托者，经庞莱臣售于日本，有影印本行世。

◎现收藏于北京故宫博物院

## 11.〔宋〕米友仁

### 姚山秋霁图　卷

纸本，墨笔。后赵肃、沈周、王穉登题，载《西清札记》。李日华《画媵》云："元晖虽祖家法，不尽拘涂，辄较南宫，务

加明秀。余所藏《姚山秋霁图》，断乎蓝田营邱一派，非家山也。"是此图在明时已流传。观赵肃题，为元人书法无疑，惟元晖自题"姚山秋霁"不类其笔，或为元初人仿作亦未可知。

## 12.〔宋〕宋高宗书马和之画

### 诗经·节南山之什图　卷

绢本，画墨笔，淡浅绛着色。此卷《大观录》《墨缘汇观》著录。

◎现收藏于北京故宫博物院

## 13.〔宋〕宋高宗书马和之画

### 小雅·南有嘉鱼之什图　卷

绢本，画墨笔，淡浅绛着色。后有文徵明跋，谓作家士气兼备。两卷均书画相间。载《石渠宝笈》。高宗书，严整秀润，出自《黄庭经》，在宋诸君书法中当以为冠。和之画山水钩法与人物开脸自成南宋一家。

## 14.〔宋〕朱胜非

### 书札　册

共九开，有项子京收藏诸印。第一开，为胜非书，曾刻《玉虹堂法帖》，另一开下署款"何"字，或系孙何，余人不详。

◎现收藏于北京故宫博物院

## 15.〔宋〕吴琚

### 杂书诗　卷

所书诗句，或四句完整，或前后残缺。末押默庵印。后隔水曹溶跋谓为米书。另见吴书诗一册，诗亦多缺首尾，默庵印亦同。

盖同时所书若干纸，为后人分装，遂不复合。默庵印应即吴氏自号印。吴氏学米书，殆可乱真。此卷尤得米书神髓，故曹溶直以为米书。然世传米书尚多，吴书却罕觏。

◎现收藏于北京故宫博物院

16.〔宋〕杨婕妤

**百花图　卷**

绢本，着色。凡十七段。每段楷书标花名，并纪年题诗。前题识，今上御制中殿生辰诗，下注四月八日。第一段寿春花，下注己亥庚戌。第二段长春花，下注庚子甲辰乙未。第三段荷花，下注辛丑癸卯丁未。第四段西施莲，下注丁未。第五段兰，下注壬寅。第六段望仙花，下注乙巳。第七段蜀葵，下注丙午。第八段黄蜀葵，下注己酉。第九段胡蜀葵，下注辛亥。第十段阇提花，下注戊申。第十一段玉李花，下注乙卯。第十二段槐，上注壬子。第十三段三星在天，上注癸丑。第十四段旭日初升，上注丙辰。第十五段桃实荷花，上注丁巳。第十六段海水，上注戊午。第十七段瑞芝，上注庚申。画极娟秀鲜丽，书宗晋唐，颇似宋高宗体。后明藩三城王跋，谓得于吴中好事家，今逢唐贤妃千秋令节，敬献以祝无疆之寿云。妹子为宋宁宗皇后妹。凡御府马远画多命题咏，有题马远"松院鸣琴诉衷情"一词。昔见马远山水小卷有妹子题。又马远山水图为妹子题，下钤杨娃小长方章。然其画殊未见明清书画著录，亦未载其画。唐宋以来，女子画此卷为孤本矣。

◎现收藏于吉林省博物院

17.〔宋〕赵伯骕

**仙峤白云　图**

绢本，青绿着色。楼观人物，山峤云海，极纤细工秀。题伯骕小字款。是卷载《西清札记》。但余断为南宋匠画，而后人题伯骕款跋与印章，亦似为元人一手所为者。

◎现收藏于吉林省博物院

18.〔宋〕赵孟坚

**画水仙自书诗　卷**

纸本。画白描水仙二本，后自书诗，皆感念故国之作。字大径寸，坚劲方整，想见其风节。书诗曾刻《海珊仙馆法帖》，为端方旧藏。

◎现收藏于北京故宫博物院

19.〔元〕钱选

**山居　图**

纸本，青绿金碧，丹粉着色。笔法唐人而极饶逸韵，用墨设色，赵子昂亦未之或先。钱进士《山居图》曾见两卷，一卷为过云楼顾氏藏，为孙退谷《消夏记》所著者，是卷为高士奇《江村消夏录》所著者。后有纪仪、纪堂两跋。

◎现收藏于北京故宫博物院

20.〔元〕赵孟頫

**章草千字文**

是卷《墨缘汇观》著录。笔力沉厚，有章草意，为子昂晚年之迹，赵书之精者。后柳贯大草书跋，亦具飞舞之姿。

◎现收藏于北京故宫博物院

21.〔元〕赵孟頫

### 篆书千字文　卷

元内府金花阑，绢本。小篆，字极精工。后明陈沂跋，乾隆书引首，卷前乾隆标题："子昂法书，天下第一。"后隔水附高士奇题签。

◎ 1965 年，张伯驹捐献与吉林省博物馆

22.〔元〕赵孟頫

### 小楷妙法莲华经　卷

书宗《黄庭经》，极精工，亦赵书有名之迹，为清内府旧藏。

23.〔元〕赵孟頫、倪瓒

### 兰竹　合卷

纸本，墨笔。子昂写兰石，旁有嫩竹一枝，自题款。云林写竹梢一枝，细如丛苇，自题诗。前后有句曲外史、项子京、安仪周、成亲王印。后有笪重光题诗，成亲王跋。《书画鉴影》著录。

24.〔元〕赵雍、王冕、朱德润、张观、方从义

### 合卷

纸本，墨笔。第一段，赵雍山水，自题款。第二段，王冕墨梅，自题诗。为《墨缘汇观》著录。第三段，朱德润山水，自题诗。第四段，张观山水，自题款。第五段，方从义山水。各段前后有沈石田、李日华、项子京、梁清标、安岐、张冶诸印，乾隆题诗。

◎现收藏于北京故宫博物院

25.〔元〕方从义

### 云林钟秀图　卷

纸本，墨笔。全用水墨笔法，云气氤氲，峰峦屏列，兼师北苑南宫，为方壶晚年之笔。后沈石田跋，自称后学，谓将化而入神，必心与天游者始可诣此。《江村消夏录》著录。

◎私人藏

26.〔元〕颜辉

### 煮茶图　卷

纸本，白描，细笔。《陆羽煮茶图》，后藏经纸自书行草韩愈诗，题云："迩来阴湿，手腕作痛，不能为书，而漫峰特揭此篇，命予录之，强勉执笔。秋月识。"图与平常见颜辉画不同，亦无款识，只右上钤秋月小印，左下钤颜辉之印方印。予断为北宋人画，而为漫峰所藏者，倩辉为书昌黎诗，不然手腕作痛，强勉为行草书而何能作细笔画耶？至行草书一望而知为元代在野派之书法。又有人谓颜辉方印"辉"应作"晖"。按晖、辉、煇古为一字，后人分日光为晖，月光为辉，灯烛光为煇。晋顾恺之诗"秋月扬明辉"，则颜字秋月应从"辉"，然书"晖"或书"辉"皆非误。昔见唐伯虎行书诗卷，至精，惟扬州"扬"字书"杨"，有人谓伯虎不应误书，断为伪迹。其实非误，扬者为杨，抑者为柳，扬杨本系一字。未学小学而论字，误以断名迹真伪，岂不甚谬。按是卷宝熙袁励准等审定，清宫书画原稿下注上上，并注清字，殊为有见。

◎现收藏于吉林省博物院

27.〔明〕陈叔起、王绂合画

**潇湘秋意　卷**

　　纸本，墨笔。前为陈画，自平沙落雁后为王画（见后黄思恭跋）。笔意静雅，如出一手。两名家合画一卷者殊不多见。是卷为清内府旧藏。

28.〔明〕沈周

**湖山春晓图　卷**

　　纸本，墨笔。仿米山水卷，前下方钤启南一印，后无款识。另纸吴宽诗并题语，陈淳跋。按世称细沈，皆石田中年之笔。此卷正石田中年所作，房舍树木皆用细笔。画家往往在用功时自留稿，不以赠人，故多不署款识，然数百年后，却使鉴赏者颇费心力。此图用墨淡逸，尝见米友仁《云山图》亦同此笔意。则知米家泼墨法以平淡静逸胜，并非深涂浓染者也。卷为麓云楼寒木堂旧藏。

29.〔明〕唐寅

**孟蜀宫妓图　轴**

　　绢本，着色。蜀主孟昶令宫妓多衣道服，簪莲花冠，施脂夹粉，名曰"醉妆"。此写其图。绢素洁白，气色鲜妍，人面傅粉用唐三白法。右上首自题诗并题语，书画俱为精绝。《墨缘汇观》著录。此图曾见改七芗有一摹本。

◎现收藏于北京故宫博物院

30.〔明〕唐寅

**山水　轴**

　　纸本，墨笔。山石以淡墨皴染，不加苔

点，竹树、房屋、人物、舟船，均极精细。右上款题识云："晋昌唐寅画。似从汉老兄清玩。"钤"唐伯虎"方印、"南京解元"长方印。为商丘宋荦旧藏。

31.〔明〕文徵明

**三友图　卷**

　　纸本，墨笔。墨兰、墨菊、墨竹共三段。每段自题诗。载《石渠宝笈》。

◎现收藏于北京故宫博物院

32.〔明〕文徵明

**桃源别境图　卷**

　　纸本，着色。山峦层叠，石桥长溪，桃花满树，间以青松翠柳，竹篱茅舍，人家邻比，鸡犬相闻，足称世外别境。后小楷书桃源行。定王府旧藏，内府所赐。《式古堂书画汇考》著录。

◎台北鸿禧美术馆藏有同名作品

33.〔明〕文徵明

**人日草堂诗画　卷**

　　纸本，墨笔。小卷后另纸自书人日诗。朱存理、钱同爱、陈淳、陈津、邢参、朱正书和诗。彭文嘉、王世懋、王世贞、莫云卿、文震孟跋。为衡山一时兴会之作。清宫旧藏。

34.〔明〕文徵明

**闽荔吴栽图　卷**

　　绢本，着色。写折枝荔枝，颜色鲜艳，小楷自题款。前引首徐霖篆书。后纸行草自书"和沈石田诗并序"。

35.〔明〕林良

　　　　枯木寒鸦图　**轴**

　　绢本，墨笔。写竹石枯木，上栖寒鸦六七，瞑目冻缩。笔法遒劲生动，若有寒风萧瑟之意。下款署林良。

36.〔明〕李东阳

　　　　自书诗　**卷**

　　行草书。载高士奇《秘录》。

37.〔明〕顾璘

　　　　书　**卷**

　　行书。载高士奇《秘录》。

38.〔明〕王宠

　　　　书　**卷**

　　藏经纸，行书。

39.〔明〕王榖祥

　　　　写生　**卷**

　　纸本，着色。写桃花柳枝，燕子萱草，石榴绶带，蜜蜂残荷，蓼花水雀，蝴蝶梅花，竹枝麻雀，各有乾隆题诗。载《石渠宝笈续编》。

　◎1965年，张伯驹捐献与吉林省博物馆

40.〔明〕项元汴

　　　　书千字文　**卷**

　　行楷书。载高士奇《秘录》。

41.〔明〕项元汴

　　　　桂枝香橼图　**轴**

　　纸本，墨笔。上自题诗，右下角署"皋谟鉴赏"小字，钤项氏檿功印。子京画最少见，是轴为麓云楼旧藏。

42.〔明〕周天球

　　　　兰竹　**卷**

　　纸本，墨笔。清宫旧藏。

43.〔明〕董其昌

　　　　疏林远山图　**卷**

　　纸本，墨笔。署款思翁并题语。引首乾隆书"虚明向远开"五字，卷中并题诗。

44.〔明〕董其昌

　　　　春山欲雨图　**卷**

　　绢本，墨笔。上署款并题诗云："七十二高峰，微茫或见之。南宫与北苑，都在卷帘时。"另纸李复堂跋，谓有书卷气，又有笔法，春山欲雨，至今墨气未干。后又有一跋，文虽尽而失款，当系后纸脱落。按是卷为玄宰六十一岁时所作，玄宰在当时欲执艺苑牛耳，于书画必刻意求好，以折服他人。比至晚年，功竟名归，遂由绚烂而入于平淡。或有谓玄宰非晚年画体，皆为赵左代笔，亦不尽然。此卷虽有笔有墨，尚有迹象可寻，其题诗亦系其自鸣得意语，正是其刻意求好之作，似非赵左所代者。

45.〔明〕董其昌

### 书画　卷

绢本，墨笔。前行草书论书画笔墨。款"董其昌书于吴门道中"。后画山水，无款识。此卷笔意苍老，墨气醇古，一望而知为玄宰晚年之迹。

46.〔明〕陈继儒

### 雨过云过图　轴

绢本，墨笔。右上自题六言诗，有"雨过石分五色，云过山余数层"语，故名《雨过云过图》。笔墨极近董玄宰晚年之作。《书画鉴影》著录。

47.〔明〕文彭

### 自书诗　册

草书七古诗花下吟。后小楷书款识。

48.〔明〕李流芳

### 溪山秋霁图　卷

49.〔清〕戴熙

### 临李流芳溪山秋霁图　卷

纸本，墨笔。两卷（48，49——编者注）画境并不全似。李卷以林木胜，戴卷以石胜，戴盖临其意也。戴卷亦署款"溪山秋霁李流芳"。后纸戴自题识。

50.〔明〕周之冕

### 百花图　卷

纸本，墨笔。写牡丹至梅花三十种，自题款。张凤翼、王穉登、陈继儒、文葆光、杜大绶、文震孟、钱允治、陈元素各间题五七言诗。又每种有乾隆题诗。为恭亲王邸藏，盖受赐于内府者。

◎现收藏于北京故宫博物院

51.〔明〕周之冕

### 芭蕉竹石　轴

纸本，墨笔，大幅。气魄雄厚，极见笔力。纸地稍剥落。

52.〔明〕丁云鹏

### 佛像　轴

纸本，设色。画一苦行释迦，蹲坐蒲团上。背景青绿山岩，老松一株，颇古拙。

53.〔明〕陈裸

### 山水　轴

纸本，设色。上乾隆题诗。

54.〔明〕来复

### 草书　轴

纸本，大字草书，七言诗一首，下来复二字款。

◎现收藏于吉林省博物院

55.〔明〕郭振明

### 书　轴

纸本。行书五律一首。诗云："把臂栖迟地，悠然岁暮心。江云愁旅雁，庭树乱春阴。生计存吾拙，交情觅汝深。醉来看宝剑，莫遣夜光沉。"款署郭振明。按郭振明见《明史·阉党·阎鸣泰传》，博平侯太师，曾为魏忠贤建生祠于都督府锦衣卫。

56.〔明〕项圣谟

### 花卉　册

纸本，没骨设色，共十页。为梅花、千叶、桃花、兰蕙、海棠、梨花、石榴、蒲公英、荷花、菊花、莲房藕节。每页有汪家珍题诗及自题款。诗后款识为"壬辰八月十有二日写生"。是册笔法生动，设色浑厚，气韵工力俱到。为寒木堂旧藏。

57.〔明〕程正揆

### 江山卧游图　卷

纸本，浅绛着色。款署"第一百十八，时辛丑十月，揆"。

◎北京故宫博物院藏有同名作品

58.〔明〕叶欣

### 梅花流泉图　卷

纸本，浅绛着色。后有万寿祺跋。

◎上海博物馆藏有同名作品

59.〔明〕薛素素

### 墨兰　轴

绢本。上楷书幽兰赋，下写兰蕙一丛。书画均极静雅。款署"薛氏素君"。

◎现收藏于吉林省博物院

60.〔清〕释道济

### 竹石　轴

纸本，墨笔。高凤翰左手草书跋云："苦瓜画竹才数尺耳，而有千尺之势。"

61.〔清〕王铎

### 书　轴

绫本。草书杜诗。

62.〔清〕龚鼎孳

### 自书诗　轴

绫本。行书五律寄怀颛若诗。

63.〔清〕顾眉

### 兰石　轴

绫本，墨笔。右上龚鼎孳题"丁亥季夏属闺人写似愚公年社翁正"。左下款署"顾氏横波写"。

◎现收藏于吉林省博物院

64.〔清〕查士标

### 山水　轴

纸本，浅绛，设色。自题诗云："远水兼天净，疏林映日明。渔舟随去住，恰趁晚潮平。"款署"梅壑道人士标"。

65.〔清〕吴历

### 兴福庵感旧图　卷

绢本，青绿设色。起首远山一角，间以白云，红墙曲折，半露殿宇，老松一株，上栖仙鹤，群鸦翔集于墙头。中段寒林萧瑟，细草披离，坡石作浓翠色，老竹两丛，重墨写之，笼以深青。结尾钩云，衬以赭色，绚丽之中具荒凉、岑寂之致，为墨井悼其方外友默容禅师之作，左上自识与默容交谊始末，缀以五律二首。末题岁月名款。此卷为墨井四十三岁笔，正中年。画境入妙时，与

《雪山图》并为杨萌北所藏，皆称精绝之作。《雪山图》已落水损毁。

◎现收藏于北京故宫博物院

66. 〔清〕樊圻

**柳村渔乐图　卷**

绢本，着色。仿宋人笔法。垂柳多株，染以重草绿，人物精细。卷中，梁清标、顾贞观、吴农祥、沈胤范题词，周斯盛、陈僖题诗。卷前纸曹溶题诗。卷后纸顾豹文、王士禄、王士禛、曹尔堪、严我斯、汪懋麟、徐釚、韩魏、赵进美、高珩、唐梦赉、吴槮等题诗词。是卷为溥心畬旧藏。

◎现收藏于北京故宫博物院

67. 〔清〕王翚

**观梅图　卷**

纸本，淡浅绛着色，短卷。自题款识，为石谷老年之作，有元人意韵，与其寻常笔墨不同。清宫旧藏。

◎旅顺博物馆藏有同名作品。

68. 〔清〕王翚

**山水　轴**

纸本，墨笔。上王鉴题，极致推奖。为石谷中年正师事烟客、元照时之作，非有款识则几疑为元照之笔，石谷此种画颇少见。

69. 〔清〕王翚

**雪景山水　轴**

纸本，墨笔。微有施淡花青赭石处。上有陆鸿仪、张远二题。年月署"辛酉腊月"，

为石谷五十岁之作，已由元照笔意，趋其晚年面目，于此幅可见石谷画法之递变。

70. 〔清〕王翚

**山水　卷**

绢本，青绿着色，长卷。为石谷本来面目。山石竹树，云水泉瀑，城郭村舍，行旅耕渔俱备，堪为学画者法度。

71. 〔清〕梅清

**山水　轴**

纸本，墨笔。石岩上松一株，姿势妖矫，盖写黄山之松。

72. 〔清〕陈鹄

**紫云出浴图　卷**

纸本，着色。像可三寸许，著水碧衫，支颐坐石上，右置洞箫一。发鬖鬖然，脸际轻红，凝眸若有所思。卷中及卷后题咏自张纲孙、陈维岳、吴兆宽、冒襄、王士禄、王士禛、崔华、尤侗、毛奇龄、宋荦等七十四人，诗一百五十三首，词一首。清末以后题者不计。是图盖写陈其年眷冒辟疆家伶徐九青故事之一，在当时已脍炙人口。雍正间图为吴青原所得。乾隆间有一摹本，为罗两峰画、陈曼生手录题咏。清末，是图归端方，摹本迄未发现。

◎原图为端方传女婿袁克权（袁世凯五子）后归张伯驹收藏，现收藏于旅顺博物馆

73.〔清〕禹之鼎

### 纳兰性德侍卫小像　轴

纸本，着色。侍卫官服纬帽，面容清瘦，微有须，坐方床上，持茗碗，左置一几，几上胆瓶内插荷花一枝。左上严绳孙题诗。此图与侍卫双凤砚并为三六桥旧藏。左右绫边。三六桥、传岳芬及予皆题《金缕曲》词。

◎现收藏于北京故宫博物院

74.〔清〕黄瓒、张淑、禹之鼎、沈宗敬、陆漻、戴本孝、严绳孙、恽寿平、程义

### 楝亭图　卷

纸本，图着色，墨笔。共十幅。盖曹完璧官江宁织造，曾于署中亭畔手植楝树一株。没后，子寅官苏州织造，再官江宁织造，楝树犹存，因为楝亭图咏，以追怀先德。于此图咏亦可探索《红楼梦》影射之人物。共四卷，第一卷，一图黄瓒，二图张淑，三图禹之鼎，并自题诗。卷后题咏者成德、顾贞观、潘江、吴暻、王方岐、唐孙华、陈恭尹、吴文源、方仲舒、顾彩、张渊懿、方嵩年、林子卿、袁瑝。第二卷，四图沈宗敬，五图陆漻，张景伊题诗，六图戴本孝，并自题诗。卷后题咏者姜宸英、毛奇龄、张芳、杜浚、余怀、梁佩兰、秦松龄、严绳孙、金依尧、王丹林、顾图河、姚廷恺、吴农祥、费文伟、王霭。第三卷，七图严绳孙，八图恽寿平，九图程义，并自题诗。卷后题咏者何焯、徐乾学、韩菼、徐秉义、尤侗、杨雍建、王鸿绪、宋荦、王士禛。第四卷，十图禹之鼎，并自题诗。卷后

题咏者，尤侗、徐林鸿、冯经世、田时发、邵陵、许孙荙、潘炳义、石经。

◎现收藏于中国国家图书馆

75.〔清〕恽寿平

### 山水　册

绢本，青绿，浅绛着色，墨笔。共八开。为南田早年之笔，山阴俞氏旧藏。

76.〔清〕康熙

### 书　横幅

纸本。书"丛碧山房"四字。笔宗柳法。任丘博学鸿词庞垲号丛碧，此或赐庞氏者。为予收蓄书画之第一件，而予所居好植蕉竹花木，因自以为号。

77.〔清〕康熙

### 书　横幅

描金黄蜡笺纸。书"嵩高峻极"四字。此为嵩山峻极宫匾额原本。

78.〔清〕蒋廷锡

### 瑞蔬图　轴

绢本，着色。仿宋人笔，颜色鲜艳如生，为雍正三年十月，圆明园畦圃有菜菔一根九枝，宣示绘图纪瑞。此为南沙画中之精品。

◎现收藏于吉林省博物院

79.〔清〕蒋廷锡

### 五清图　卷

绢本，墨笔，短卷。画牡丹、兰、梅、

松枝、竹枝。清宫旧藏。

80.〔清〕蒋廷锡

### 写生　册

绢本，墨笔。写牡丹、月季、虞美人、丁香、荷花、翦秋罗、秋海棠、鸡冠、秋菊、凤仙、竹枝、子午莲、梅花、山茶。十二开，每开各有张照、励廷仪、王图炳、赵熊诏、薄海、陈邦彦、陈元龙题。

81.〔清〕杨晋

### 兰竹　册

纸本，墨笔。为南皮张氏旧藏。

82.〔清〕华嵒

### 山水　轴

绢本，青绿，没骨，着色。白云红树，悬瀑流水，宗法唐人而别具一格。新罗多画花鸟，青绿山水殊为罕见。为陈宝琛太傅旧藏。

83.〔清〕邹一桂

### 芙蓉鹭鸶图　轴

纸本，着色。上有乾隆题诗。载《石渠宝笈续编》。

84.〔清〕金农

### 梅花　册

纸本，墨笔。共十幅，每开自题。

◎旅顺博物馆藏有同名作品

85.〔清〕郑燮

### 兰竹　册

纸本，墨笔。共八幅，每开自题诗。

86.〔清〕郑燮

### 竹石　轴

纸本，墨笔。自题诗云："咬定青山不放松，立根原在乱崖中。千磨万击还坚劲，任尔东西南北风。"

◎此卷收录于 1998 年版《春游纪梦》本《丛碧书画录》，北京图书馆所藏油印本《丛碧书画录》遗录

87.〔清〕乾隆

### 瓶梅　轴

纸本，着色，小幅。瓶插红梅一枝，自题诗并董诰、钱维城、张照题诗。

88.〔清〕罗聘

### 竹　轴

纸本，墨笔。自题诗。

89.〔清〕董邦达

### 山水　卷

纸本，墨笔。清宫旧藏。

90.〔清〕金廷标

### 接梅图　轴

纸本，浅绛着色。清宫旧藏。

91.〔清〕姚鼐

### 书　轴

纸本。行书。

92.〔清〕永瑢

**兰石 轴**

纸本，墨笔。自题五律一首，另潘庭筠、张时风、程昌期、张坝、钱楷、唐瀛洲题诗。

93.〔清〕毛上炱

**灵岩读书图 卷**

纸本。青绿山水，为毕沅画者。后有王文治、袁枚题。

94.〔清〕江介

**山茶雪竹图 轴**

纸本，着色，颇有逸致。

95.〔清〕姚元之

**秋葵 轴**

纸本，着色。写折枝秋葵。

96.〔清〕吴大澂

**山居图 轴**

纸本，墨笔。山水。

97.〔清〕郑文焯

**山水 轴**

纸本，墨笔。款署"乙巳仲冬月，抚查二瞻小幅于延清小筑。鹤道人文焯"。

是录自壬申至己亥年写毕，其间重要之迹，多半捐赠或让售于公家。虽属明日黄花，然于书画流传著录上亦可有此一录耳。

丛碧识

**补遗**

98. 隋人

**写经 册**

共六十二行，字势方整，存北朝笔意，而秀逸则又近隋唐之体。内"民"字不缺笔避讳，当为隋人书。因非敦煌石室藏，故纸色稍黑暗。前后有蔡世松收藏印。后排正行次题不署名，另柬一纸云"六朝人书经谨奉还"等语，上款为"小石大兄"，应为义州李葆恂也。此册在敦煌石室藏经未发现前当为凤毛麟角矣。

◎张伯驹回京前，将隋人《写经》册捐赠与吉林省博物馆

99. 宋人

**楼阁图 轴**

绢本，着色。图写楼阁台榭，宫墙高峻。墙外远山近树，楼旁垂柳湖石，人物凭阑望远，后张宫扇。楼阁及柳枝界线，人物衣纹，湖石勾勒，均极劲纤，的为南宋人画。惜绢地稍剥落。

◎现收藏于吉林省博物院

100.〔元〕赵孟𫖯

**饮马图 卷**

纸本，白描。《江村消夏录》著录云，神骏可观，起止无迹，即伯时当为之俯首也。后跋柯九思、宋濂、危素、刘基等二十四家。细审画不见精彩，跋极佳。然宋学士小楷书题于画之左方，当为元代墨迹无疑。岂子昂当时亦有晚辈代笔，否则当为酬应之作。

228

101.〔元〕仇远

### 自书诗 卷

行书，七律十首。是卷《江村消夏录》《石渠宝笈》二编著录。卷前纸末有朱彝尊竹垞太史氏印一。卷中纸尾有毕秋帆书画记一。另题跋后有灵岩山人秘笈之印、毕泷鉴定之印二。纸前下有"秋帆珍宝"赏印一。山村书颇少见，此卷书诗犹宋末体，颇与张即之相近，而非元一代赵孟頫之一派。

◎ 1965年，张伯驹捐献与吉林省博物馆

102.〔明〕杨廷和

### 书札 册

冷金笺纸。行草书，共八通，为致陕西巡抚蓝章者，多言蜀寇事，正其继李东阳为首辅时所书。书法矫健流畅，极具风度。此册为即墨蓝氏子孙保存至今者。

◎ 1964年，张伯驹捐赠与吉林省博物馆

103.〔明〕文徵明

### 双钩兰花 卷

纸本，墨笔，白描，双钩。花叶纷披，纤雅淡逸，风致潇洒，间以草石荆棘。前自题款识云："嘉靖甲午秋七月六日与子朗民望游虎丘，寺僧出纸索画，草草写此以应其请。徵明。"下钤文徵明印、衡山二印。卷后钤停云一印。另纸有文嘉、张凤翼、汪显节居节跋，后有高士奇题。此卷为洪洞董氏藏，为待诏写兰之精品。

104.〔明〕谢时臣

### 山水 轴

纸本，墨笔，微浅绛着色。岩峦重叠，林木葱蔚，云气微以淡赭勾之，极氤氲苍莽之致。

105.〔明〕董其昌

### 翠岫丹枫图 轴

纸本，没骨，青绿着色。下写房舍、竹树、坡石。竹树以花青点染，间以丹枫一株。隔岸山峦重叠，以赭石烘云，山石设色鲜妍。右上自题为庶常时曾见张僧繇《翠岫丹枫图》致佳，忽忽已二十年，至今尚未去怀。今春为陈征君作此，尚未惬意，因忆向所见者，仿佛摹此，虽不能追踪晋唐，亦不落赵吴兴后等语。左上陈眉公题云：予得宗伯画多矣，然以此图为苕帚庵中第一，因识其首。右上题后又题云：此余昔年为仲醇作也，用笔设色差强人意，若曰为苕帚庵中第一图，则吾岂敢。思翁重题。按《明史》本传，玄宰万历十七年举进士，改庶吉士。此图当为玄宰五十五岁后二三年所作。右上自题书体与题宋徽宗《雪江归棹图》字极相似，盖皆在数年间。后晚岁重题，字体则稍异矣。此图以秀逸胜，为赵吴兴一派。南浔庞虚斋旧藏。

◎ 1964年1月1日，宋振庭到张伯驹家中祝贺元旦，张伯驹遂将明董其昌山水《翠岫丹枫图》相赠。后宋振庭将此画捐献给吉林省博物馆

106.〔明〕唐泰

### 山水　轴

绢本，墨笔。层嶂远帆，水亭奇石，笔意超脱。淡远担当和尚与八大清湘同为明代遗民，而其墨迹绝少见，盖居穷边深山，不接于士夫，遗迹世遂少留传耳。上自题诗云："烟云变幻本无形，墨汁模糊近水亭。空道斯名画可隐，转教众口说丹青。"款署大来，下钤阴文唐泰、大来方印二，字飘逸有姿。

107.〔明〕曾鲸

### 画侯朝宗像秋江钓艇图　轴

绢本，着色。图写长江茫茫，远山一线，近岸芙蓉芦荻，江中一扁舟，长须奴拨棹，壮悔儒服乌巾，倚钓竿，抚长剑，年少翩翩。右下隶书小字题识云："崇祯乙亥九月望后六日，为朝宗社兄写秋江钓艇图。闽中曾鲸。"左下有宋牧仲印二。左右绫边。王锡振、姚辉第题《摸鱼儿》词。

◎现收藏于吉林省博物院

108.〔明〕杨文骢

### 山水　卷

纸本，墨笔多用焦墨，不似平常所见龙友笔，然的为明末清初画，非后人所仿者。

109.〔明〕八大山人

### 荷花　轴

纸本，墨笔。写藕一节，荷叶一茎，荷花一枝，古拙潇洒。款署"八大山人"。

110.〔清〕王铎

### 山水　轴

粉笺，纸本，墨笔。山峦、林木、人物，笔意古拙，是以书法作画。右上题"岩荦戴先生道宗弟王铎"。字亦极古雅，有唐宋人意。

◎此卷收录于1998年版《春游纪梦》本《丛碧书画录》，北京图书馆所藏油印本《丛碧书画录》遗录

111.〔清〕马雄镇

### 汇草辨疑　册

纸本。共十二册。雄镇官广西巡抚，吴三桂叛清，全家殉难。始三桂欲雄镇降，囚土室四年，作《汇草辨疑》十二卷，妾顾荃芬若按字为旁训，后顾氏亦死。蒋心余为作《桂林霜》传奇，《释帖》一折，即本顾氏事也。册中旁注小楷真书即顾氏笔。

◎1963年，张伯驹将所藏清初马雄镇《汇草辨疑》未刊稿四册及宋代侧理纸一张，捐赠与中国历史博物馆。是册现收藏于国家博物馆。

112.〔清〕沈宗敬

### 山水　轴

纸本，墨笔。远峦重巘。长松悬瀑。右上自题款识云：康熙丙戌新秋，偶写元人笔意于秦望山庄之话雨轩，时同观者杜子园菉，琴僧锄云。狮峰居士沈宗敬识。

113.清人

### 宫妃像　轴

绢本，设色。写宫妃搴帷立，手持团

扇，鬓插兰花一朵，貌秀美绝伦，汉人而旗装，用色鲜妍，衣折仍用西法。团扇上画兰蕙一枝，极似乾隆笔，或为希旨故学乾隆笔意者。此幅为热河行宫物，为毅军将领米振标驻军热河时所劫出。于此图亦可索证清宫闱之秘史。惟下宋体字郎世宁款，系不解事者伪书。假使为汉人宫妃像，臣工绝不敢书款，而郎世宁画凡款书宋体字皆伪作也。

### 114.〔清〕汪士慎

#### 梅花　册

纸本，八开。写白梅、红梅、绿梅、墨梅，每开自题诗句，书画并秀逸有韵。后曾熙致蒋孟苹信二纸云筠庵弟来书称，汪巢林《梅花册》其夫人曾临数叶，并未临成，闻已售出，不无怅快。筠弟平日不敢触其夫人意，因备上前代垫之款，志在反璧归赵等语。此亦应为巢林梅花之一段小故事。

### 115.〔清〕黄易

#### 山水　册

纸本，墨笔，小册，共十二开。笔墨淡逸雅致，无款识。末开钤易字一小印。后有阮元一跋，谓为友益斋所赠，盖小松暇时戏笔，留作传家粉本者。款书阮元识于长沙节院。

### 116.〔清〕陶润山　顾沄

#### 万横香雪　写雪赋　卷

纸本，浅绛着色。图写雪后邓尉探梅。右上题：万横香雪，道光丁亥涂月大雪，连朝闭户不出，戏用文衡山笔意写成此卷，遥思邓尉，山中春信传芳，未识何如耳。润山

后洒金月白笺，顾南雅楷书雪赋。前引首叶道芬隶书梅雪双清，后庆善、王汝玉题诗及跋语。

### 117.〔清〕吴昌硕

#### 自书诗梅花　轴

乾隆粉笺，未裁，对联。上联隶体行书，诗云："茅亭势揖人，顽石默不语。风吹梅树华，著衣幻作雨。池上鹤梳翎，寒烟白缕缕。"款题"又一村看梅，辅之老兄两正。庚申四月吴昌硕年七十七"。下联写红梅，枝干遒劲，花朵秾肥。又题诗云："华明晚霞烘，干老生铁铸。岁寒有同心，空山赤松树。"款题"灌佛日老缶又画"。此幅丁辅之曾为影印。缶翁以篆隶书法作画，上自金冬心、陈玉几、陈曼生、姚元之、吴让之、赵㧑叔，下至齐白石，在画史中均应称为碑派画家，而缶翁则承先启后者也。

上补遗于庚子岁写毕，至清末。书画著录宋元团扇、明清便面，皆属册类，对联则多不录。余所收便面、对联，是录亦不另列入。

丛碧识

## 附录二　张伯驹简谱

| | |
|---|---|
| 1898 年<br>**1 岁** | 2 月 12 日，张伯驹出生于河南项城。原名张家骐，字伯驹，后以字行。三十岁后号丛碧，别号冻云楼主、好好先生，又自号春游主人。 |
| 1903 年<br>**6 岁** | 过继给伯父张镇芳，后随嗣父移居天津。 |
| 1906 年<br>**9 岁** | 学会作诗，诗作被收入由张镇芳、马丽轩等组成的"丽泽诗社"所编的《丽泽社诸家诗》中。 |
| 1911 年<br>**14 岁** | 就读于天津新学书院、政法学堂。 |
| 1912 年<br>**15 岁** | 张镇芳由署理直隶总督转任河南都督，张伯驹随父到河南开封，入河南陆军小学读书。 |
| 1914 年<br>**17 岁** | 随父迁居北京。 |

| | |
|---|---|
| 1915 年<br>**18 岁** | 考入袁世凯创办的中央陆军混成模范团骑科学习深造。<br>同年，张镇芳在京创办盐业银行。 |
| 1916 年<br>**19 岁** | 中央陆军混成模范团毕业，到陕西督军陆建章部任职。后，陆建章下野，张伯驹返回北京。 |
| 1918 年<br>**21 岁** | 任安徽省督军倪嗣冲所辖蚌埠安武军全军营务处提调。后安武军改为陆军，任长江巡阅使署谘议。<br>同年，任盐业银行监事。 |
| 1920 年<br>**23 岁** | 倪嗣冲病故，长江巡阅使撤编，张伯驹去职。 |
| 1921 年<br>**24 岁** | 被张作霖任命为奉军总司令部总稽查。 |
| 1923 年<br>**26 岁** | 2 月 4 日，因京畿水灾捐献巨款，民国政府授予张伯驹二等大绶嘉禾章。 |
| 1925 年<br>**28 岁** | 完全退出军职，任盐业银行挂职常务董事兼总稽核，开始在京、津、沪、宁四地分行走动。 |
| 1926 年<br>**29 岁** | 张镇芳当选盐业银行董事长，张伯驹当选监事。 |

| | |
|---|---|
| **1927 年**<br>**30 岁** | 彻底脱离政治，寄情翰墨，在北京琉璃厂一家古玩店内收藏到平生第一件藏品墨宝，即康熙皇帝御笔"丛碧山房"。因张伯驹所居处遍植蕉竹花木，便以"丛碧"为号。 |
| **1928 年**<br>**31 岁** | 跟随京剧老生泰斗余叔岩学习京剧。 |
| **1930 年**<br>**33 岁** | 李石曾以法国退回的庚子赔款中的部分经费创办中华戏曲音乐院，该院内设北平戏曲音乐分院，张伯驹任院务委员会委员。 |
| **1931 年**<br>**34 岁** | 盛邀梅兰芳、李石曾、齐如山、余叔岩、冯耿光等组织成立了北平国剧学会。募得各方捐款 5 万元作为运作基金，张伯驹任理事。国剧学会成立后，因为经常有演剧和教习任务，张伯驹多次得到同梅兰芳等名角同时登台演戏的机会。学会成立的同时，决定创办《戏剧丛刊》和《国剧画报》，以出版编撰相关京剧研究的著作，进行京剧艺术的传播以及戏剧史料的搜集和整理，《戏剧丛刊》仅刊行四期，便因经费短缺等多种原因而停刊。 |
| **1932 年**<br>**35 岁** | 1 月 13 日，《北平晨报》刊载北平各界要人欢送京剧名旦程砚秋赴欧游学聚餐会，张伯驹出席欢送会。 |
| **1933 年**<br>**36 岁** | 张镇芳在天津病逝，享年七十一岁。 |

**1934 年**
**37 岁**

　　是年春，随著名藏书家傅增湘赴西山大觉寺赏玉兰和杏花，自此与大觉寺结缘。后与傅增湘相约，二人在寺门外分建"北梅""倚云"二亭。

**1935 年**
**38 岁**

　　6 月下旬到 7 月上旬，湖北淫雨连绵，江、汉并涨，荆江、汉水水位超过 1931 年纪录，沿岸堤埝纷告溃决，58 县市被淹，灾民达 700 余万人，襄河流域各县灾情尤重。为救济同胞，北平书画文艺界组织赈灾义展，所得费用捐赠灾区。就是在这次展览会上，张伯驹第一次见到西晋陆机的《平复帖》。

　　同年，张大千与其兄张善孖赴北平举办昆仲联合画展，张伯驹于此次画展上结识张大千。

**1936 年**
**39 岁**

　　爱新觉罗·溥儒（溥心畲）的大哥、恭亲王爱新觉罗·溥伟病逝于伪满洲国首府长春，为筹办大哥的丧事，溥儒欲将家藏唐韩幹的名画《照夜白图》出售给上海的掮客画商叶叔重。时在上海的张伯驹听说此事，急忙给主政北平的宋哲元发急函，申述此卷绘画文献价值之重要，希望勿让叶叔重卖与外国人。最终《照夜白图》还是流失海外，现在该作品被收藏于美国大都会博物馆。

**1937 年**
**40 岁**

　　3 月 4 日，张伯驹四十寿辰，于北平隆福寺街福全馆为赈济河南旱灾义演，开场戏为郭春山的《回营打围》，依次为程继先、钱宝森的《临江会》，当时因梅兰芳未在京，改请其高足魏连芳演《女起解》，接下来是王凤卿、鲍吉祥之《鱼肠剑》，杨小楼、钱宝森之《英雄会》，于连泉、王福山之《丑荣归》《小上坟》。大轴《空城计》中的主角诸葛亮则由张伯驹饰演，其

他配角都是显赫名伶，如王凤卿饰赵云、程继先饰马
岱、余叔岩饰王平、杨小楼饰马谡、陈香雪饰司马懿、
钱宝森饰张郃等。这场义演通载各报刊，一时轰动京
城，被赞为"此曲只应天上有，人间能得几回闻"。

是年春，于郭世五家见到三希堂晋帖中王献之
《中秋帖》、王珣的《伯远帖》及唐李白的《上阳台
帖》。当时恐此二晋帖流落海外，立请惠古斋柳春农
居间，郭以二晋帖并李白的《上阳台帖》另附以唐寅
《孟蜀宫妓图》轴、王时敏《山水》轴、蒋廷锡《瑞
蔬图》轴，议价共 20 万元出让。张伯驹先付 6 万元，
余款约定一年为期付竣。至夏，"卢沟桥事变"起，
金融封锁，款至次年仍无法付清，乃以《中秋帖》
《伯远帖》二帖退还，其余作品留抵已付之款，仍由
惠古斋柳春农居间。

是年底，溥儒母亲病故，为母治丧，溥儒将《平
复帖》以 4 万大洋的价格售与张伯驹。张伯驹遂将
其在北平寓所命名为"平复堂"。

1938 年
**41 岁**

是年夏，第一部词集《丛碧词》刊行于北平，共
二卷，为白绵纸和宣纸线装本，分红蓝两种，仿宋大
字刻本，扉页为傅增湘题"丛碧词"三字，后有夏仁
虎与郭则沄序。

1939 年
**42 岁**

年初，偕潘素去上海，乘船到香港，由香港经河
内转往昆明、重庆，在四川游览了峨眉、青城山诸胜
迹后，到贵州晋见吴鼎昌（贵州省政府主席兼盐业银
行总经理）汇报盐业情况。两天后回重庆，并顺便在
峨眉、青城山旅游数日方回到上海。

**1940 年**
**43 岁**

　　是年，萧山朱文钧母亲病逝于北平，因营葬费不足，朱家出让珍藏的宋蔡襄《自书诗帖》册，由琉璃厂惠古斋柳春农持该帖至张伯驹宅，张终以 45000 元购藏。

**1941 年**
**44 岁**

　　6 月 5 日，为料理上海盐业银行事，再次来沪的张伯驹居住在亚尔培路培福里，当日遭匪徒绑架。

**1942 年**
**45 岁**

　　经过夫人潘素多方施救，最后由上海市民银行行长孙曜东借出中储券 20 万元，盐业银行萧彦和拿出中储券 10 万元，河南同乡商人牛敬亭资助中储券 10 万元，终把张伯驹赎出。在被绑架的 8 个月中，张伯驹向妻子潘素表示："我所存的字画是不能动的。"

　　是年，举家自北平避难西安，并创办秦陇实业公司，任经理。

**1943 年**
**46 岁**

　　5 月 19 日，老生泰斗余叔岩病逝，张伯驹拟挽联凭吊：

　　谱羽衣霓裳，昔日悲歌传李峤；
　　怀高山流水，只今顾曲剩周郎。

**1944 年**
**47 岁**

　　为纪念北平国剧学会迁陕，张伯驹主编的《二进宫剧谱》在西安刊行，由西安正报馆印刷发行，张伯驹亲署"二进宫剧谱"书名并作序。

**1945 年**
**48 岁**

是年夏，与夫人潘素同游太白山，写《太白山纪游》。

全国抗战胜利后，由西安重返北平。去上海参加盐业银行股东会，仍然任常务董事，并辞去南京分行经理。南京行裁撤。

**1946 年**
**49 岁**

是年，为了抢救国宝隋展子虔《游春图》，不惜卖掉豪宅"丛碧山房"，约定以 200 两黄金的价格（至 1948 年底，陆续付至黄金 170 两，最终实付 170 两），将《游春图》珍藏。由此，张伯驹自号"春游主人"，并将所居京西海淀承泽园易名为"展春园"。

同年，以 110 两黄金收购宋范仲淹的书法作品《道服赞》卷。

**1947 年**
**50 岁**

由张东荪、张云川介绍，加入中国民主同盟会。此后，张伯驹积极参与北大学生会助学运动及反饥饿、反内战、反迫害运动。

是年冬，发起组织北平古琴学会。

**1948 年**
**51 岁**

是年，中国民主同盟会成立北平市民盟临时工作委员会，张伯驹任委员。

受聘为燕京大学国文系中国艺术史名誉导师。

**1949 年**
**52 岁**

中华人民共和国成立。

11 月 3 日，著名藏书家、版本目录学家傅增湘在京逝世，张伯驹痛挽：

万家爆竹夜，坐十二重屏华堂，犹记同观平复帖；

卅里杏花天，逢两三点雨寒食，不堪再上倚云亭。

| | |
|---|---|
| **1950 年**<br>**53 岁** | 是年，购得唐代诗人杜牧的《张好好诗》卷。<br>是年，出任文化部文物局文物鉴定委员会委员。 |
| **1951 年**<br>**54 岁** | 为支援抗美援朝，参加在天津中国大戏院进行的京剧义演，剧目为《问樵闹府》《打棍出箱》等。 |
| **1952 年**<br>**55 岁** | 是年，经何香凝、郑振铎举荐，以顾问身份到文化部工作。<br>同年，组织成立了北京京剧基本艺术研究社，任副主任委员。 |
| **1953 年**<br>**56 岁** | 是年，出任北京中国画研究会理事、北京古琴研究会理事长等职。 |
| **1954 年**<br>**57 岁** | 是年，当选北京市政协委员。 |
| **1956 年**<br>**59 岁** | 5 月，将珍藏的晋陆机《平复帖》、唐杜牧《张好好诗》等 8 件国宝级书画无偿捐献给国家。<br>同年，与叶恭绰、郑云诰、郑诵先等人发起成立北京中国书法研究社，任副社长，办公地址即设在先生家中。 |
| **1957 年**<br>**60 岁** | 春，积极投入文化部组织的传统剧目《宁武关》《祥梅寺》和《马思远》的整理工作，并将京剧老艺人们组织起来，成立了老艺人演出委员会。<br>同年，被划为"反党反社会主义的右派分子"， |

并多次受到批斗。

1958 年
**61 岁**

是年，北京琉璃厂宝古斋于东北收得宋杨婕妤《百花图》卷，故宫博物院未购留，张伯驹即出资收藏，后捐献给吉林省博物馆。

1959 年
**62 岁**

从本年开始，至 1961 年夏，每周到北京市民盟学习一次。

1961 年
**64 岁**

10 月 20 日，与夫人潘素同赴吉林省长春市工作，张伯驹任职省博物馆，潘素任省艺术专科学校讲师。行前，写信给时任国务院副总理的陈毅元帅辞行，陈毅约张伯驹到中南海家中设宴送行，并给吉林省委宣传部部长宋振庭打招呼照顾张伯驹。

1962 年
**65 岁**

2 月，由北京市民盟宣布张伯驹摘掉右派帽子。同月，任吉林省博物馆副研究员，此后，多次进京为博物馆购买古代书画珍品，使流落在社会上的许多祖国优秀文化遗产得以妥善保存。

5 月，任吉林省博物馆副馆长。

1963 年
**66 岁**

春节，去天津录音京剧唱段，共录制《定军山》《空城计》等 6 段唱腔。

同年，主持吉林省博物馆工作，并为博物馆购得明薛素素脂砚。

同年，与吉林省京剧院副院长梁小鸾在长春同台演出京剧《游龙戏凤》，张伯驹饰正德帝。

同年，向吉林省委宣传部部长宋振庭提出辞去博物馆副馆长，未获批准。

1964 年
**67 岁**

国务院发文动员老年有病人员退休或退职，张伯驹再次书面申请退休，未获批准。

1965 年
**68 岁**

将 1961—1965 年间的词作集为《春游词》。

1966 年
**69 岁**

"文革"开始，被撤销吉林省博物馆副馆长一职，并被批斗抄家。给陈毅元帅写信，反映北京住宅被抄事。

1967 年
**70 岁**

被"造反派"揪斗、游街。

1968 年
**71 岁**

9 月 21 日，被关进"牛棚"学习。

1969 年
**72 岁**

5 月，"牛棚"学习结束，遂向吉林省博物馆书面提出退职申请。

1970 年
**73 岁**

1 月 7 日，吉林省革委会政治部对张伯驹问题作出批示，做了"敌我矛盾，按人民内部矛盾处理"的结论，并将其遣送至吉林省舒兰县朝阳公社劳动改造。当地部门以不合插队规定，不予接收，数日后，张伯驹夫妇返京。

是年冬，赴西安看望女儿张传綵及其家人，重游大雁塔、灞桥、华清池，过杜工部祠，登骊山，游秦始皇陵。每游一处必留词作，后结集为《秦游词》。

**1971 年**
**74 岁**

10 月 26 日，托中央文史研究馆馆长章士钊转函周恩来总理，请求中央解决其落户北京和生活困难问题。

11 月 24 日，章士钊致函周恩来总理，提议聘任张伯驹为中央文史研究馆馆员，并转呈张伯驹函。周总理批示要求具体研究落实聘任一事。

**1972 年**
**75 岁**

1 月 5 日，中央文史研究馆拟就聘任张伯驹为馆员的聘书，待发。

1 月 6 日，陈毅元帅逝世，临终前嘱将自己心爱的玉质围棋送与张伯驹留念。张伯驹敬拟挽联：

仗剑从云作干城，忠心不易。军声在淮海，遗爱在江南，万庶尽衔哀。回望大好河山，永离赤县；

挥戈挽日接尊俎，豪气犹存。无愧于平生，有功于天下，九原应含笑。伫看重新世界，遍树红旗。

1 月 21 日，收到被聘为中央文史研究馆馆员的聘书，并正式落户北京。

**1973 年**
**76 岁**

将当年所作之词结集为《雾中词》。

**1974 年**
**77 岁**

是年，邓小平复出，使深陷"文革"泥淖中的人们看到了希望，张伯驹特意到荣宝斋买来丈二匹老宣纸，与夫人潘素合绘《大木颂图》。并写五言排律诗以颂顶风雨、撑天地的邓林大木，并托陈其通转呈邓公。

同年，眼疾白内障初愈，居家休养。回忆自七岁以来所观乱弹昆曲和其他地方戏，并戏曲逸闻故事，成七绝177首，后又补遗绝句22首，定名《红毹纪梦诗注》。

**1975 年**
**78 岁**

10 月 4 日，携夫人潘素及夏承焘、周汝昌、钟敬文、周笃文等词友到访京西香山脚下、卧佛寺南正白旗三十九号——传说中的"曹雪芹故居"。

是年，将其 1974 年所填之词结集为《无名词》，并将 1975 年所作词结集为《续断词》。

**1976 年**
**79 岁**

1 月 8 日，周恩来总理逝世。张伯驹撰写挽联哀悼：

奠山河于磐石，登人民于衽席，反殖反霸反帝反修，劳瘁一身当大任；

建社会以繁荣，措政治以修明，不怠不骄不卑不亢，勋名千古仰先知。

9 月 9 日，毛泽东主席逝世。张伯驹撰挽联哀悼：

覆地翻天，纪元重开新史；

空前绝后，人物且看今朝。

**1977 年**
**80 岁**

4 月，《陈毅诗词选》由人民文学出版社公开发行。张伯驹得到消息后，亲自到新华书店购买，并时常把《陈毅诗词选》放在枕边温读。

9 月 18 日，给时任吉林省委宣传部副部长高叶去长函，要求给自己在"文革"中遭受的不公平待遇平反，并请求给予夫人潘素退休待遇。

**1978 年**
**81 岁**

9 月，中共吉林省委宣传部批准吉林省文物局上报的对张伯驹的复查结论，予以改正，恢复名誉。

是年，《红毹纪梦诗注》一书由香港中华书局出版。

**1979 年**
**82 岁**

3 月 2 日，北京市政府撤销其"右派"错误称号，予以改正，恢复名誉。

是年，为怀念陈毅元帅，夫人潘素根据陈毅元帅在北戴河所拍摄的《观海图》照片为原型，绘制了青绿山水《海思图》，张伯驹作悼念诗四首题其上。

**1980 年**
**83 岁**

2 月 1 日至 15 日，张伯驹潘素伉俪书画联展在北海画舫斋举行，共展出作品 56 幅。展览由中国美术家协会北京分会主办。

3 月 1 日，应邀出席在北京中山堂举办的书画艺术家雅集，与首都艺术家叶浅予、刘继卣、管桦、尹瘦石、启功、陈叔亮、李苦禅、周思聪、秦岭云、许麟庐、胡絜青、黄胄、李燕、李可染、吴作人、肖淑芳共同签署"敬致台湾书画家"书，该信函由秦岭云执笔，附信如下：

今天是元宵节，我们在北京中山堂相聚，触景生情，佳节思亲，回忆起往年在一起研究祖国书画艺术，何其欢乐。经大家一致同意，特请各位同道光临首都重叙旧好，便中举行各位的作品展览，共同推动、发展祖国艺术事业。

盼复！

5月，与词友黄君坦合作编著《清词选》，并撰前言。

10月，由张伯驹执笔，夏承焘、张伯驹、周汝昌就成立中国韵文学会联名致函文化部部长黄镇。（中国韵文学会于 1984 年在长沙成立）

**1981 年**
**84 岁**

3月，致函张大千，连同潘素所绘两幅《南国芭蕉》，托人带给定居在台北的张大千。数月后，张大千在其中一幅画中补画波斯猫一只，在另一幅画中补画仕女，并寄回大陆。

5月5日至9日，中国书法家协会第一次代表大会在京举行，张伯驹与赵朴初、启功等书法名家一同出席，并当选为中国书法家协会名誉理事。此后，又先后担任北京中国画研究会名誉会长、京华艺术学会名誉会长、北京戏曲研究所研究员、北京昆曲研习社顾问、民盟北京市委文史资料委员会委员等职。

11月，所著《丛碧词话》在《词学》第一辑上发表，并任《词学》编委。

**1982 年**
**85 岁**

1月12日，中华书局成立七十周年，张伯驹偕同夫人潘素应邀出席在人民大会堂举办的纪念活动，并作画留念。

2月8日，因感冒住进北京大学医院，后由感冒转成肺炎。

2月25日，张大千文孙张晓鹰到医院探望，并合影留念，张伯驹遂作七律一首、填词一阕，赠张大千，深切表达了渴望祖国统一的拳拳之情。

2月26日，上午10时，逝世于北京大学医院。享年85岁。

# 参考书目

〔01〕 寓真 . 张伯驹身世钩沉 . 太原：三晋出版社，2013.

〔02〕 王家诚 . 溥心畬传 . 天津：百花文艺出版社，2007.

〔03〕 浙江省博物馆 . 朱家溍的文博生涯 . 北京：文物出版社，2006.

〔04〕 朱家溍口述，朱传荣整理 . 中国文博名家画传：朱家溍 . 北京：文物出版社，2003.

〔05〕 郑重 . 中国文博名家画传：张珩 . 北京：文物出版社，2011.

〔06〕 马宝山 . 书画碑帖见闻录 . 北京：燕山出版社，1997.

〔07〕 晨周 . 中国文博名家画传：王世襄 . 北京：文物出版社，2002.

〔08〕 王忠和，荣进 . 生是长穹一抹风：民国公子张伯驹 . 武汉：湖北人民出版社，2011.

〔09〕 邢建榕编著 . 老上海珍档秘闻 . 上海：上海辞书出版社，2007.

〔10〕 郑重 . 中国文博名家画传：谢稚柳 . 北京：文物出版社，2004.

〔11〕 海平 . 中国文博名家画传：杨仁恺 . 北京：文物出版社，2004.

〔12〕 郑尔康 . 中国文博名家画传：郑振铎 . 北京：文物出版社，2007.

〔13〕 侯刚 . 中国文博名家画传：启功 . 北京：文物出版社，2003.

〔14〕 郑重 . 中国文博名家画传：徐森玉 . 北京：文物出版社，2007.

〔15〕 [荷] 高罗佩 . 砚史——书画说铃 . 上海：中西书局，2016.

〔16〕 [美] 福开森，张郁乎 . 中国艺术讲演录 . 北京：北京大学出版社，

2015.

〔17〕 蒋勋.手帖：南朝岁月.台北：印刻文学生活杂志出版有限公司，
2010.

〔18〕 施安昌主编.马衡日记.北京：紫禁城出版社，2006.

〔19〕 沈宁.闲话徐悲鸿.台北：新锐文创，2013.

〔20〕 袁克文.辛丙秘苑——寒云日记.太原：山西古籍出版社，1999.

〔21〕 罗宗强.魏晋南北朝文化思想史.北京：中华书局，1996.

〔22〕 中国人民政治协商会议天津市委员会文史资料研究委员会编.天津文
史资料选辑：第十三辑.天津：天津人民出版社，1981.

〔23〕 中国社会科学院近代史研究所近代史资料编辑组编.近代史资料.北
京：中国社会科学出版社，1983.

〔24〕 中国人民政治协商会议全国委员会文史资料研究委员会编.文史资料
选辑：第三十五辑.北京：文史资料出版社，1963.

〔25〕 北平国剧学会编.戏剧丛刊：第四期.北平国剧学会，1935.

〔26〕 中国人民政治协商会议北京西城区委员会文史资料委员会编.文史资
料选编：第一期.北京：1987.

〔27〕 中国人民政治协商会议河南省郑州市委员会文史资料委员会.郑州
文史资料：1995年第2辑.郑州：1995.

〔28〕 刘军.大收藏家张伯驹.北京：当代中国出版社，1996.

〔29〕 翁思再.余叔岩研究.上海：上海文艺出版社，1994.

〔30〕 张伯驹.张伯驹词集.北京：中华书局，1985.

〔31〕 张伯驹编著.素月楼联语.上海：上海古籍出版社，1991.

〔32〕 文物编辑委员会编.文物：1973年第2期.北京：文物出版社，1973.

〔33〕 陈重远.老古玩铺.北京：北京出版社，2006.

〔34〕 沈子丞编.历代论画名著汇编.北京：文物出版社，1982.

〔35〕 华东师范大学古籍整理研究室选编、校点.历代书法论文选.上海：
上海书画出版社，1979.

〔36〕 [唐]张彦远著，秦仲文、黄苗子点校.历代名画记.北京：人民美术
出版社，1963.

〔37〕 [唐]张彦远著，范祥雍点校.法书要录.北京：人民美术出版社，
1984.

〔38〕 楼宇栋，郑重.中国文博名家画传：张伯驹.北京：文物出版社，

2008.

〔39〕 [清] 曹雪芹，高鹗.红楼梦.北京：人民文学出版社，1982.

〔40〕 陈重远.古玩谈旧闻.北京：北京出版社，1996.

〔41〕 张伯驹主编.春游社琐谈·素月楼联语.北京：北京出版社，1998.

〔42〕 陈祖美主编，宋红编著.每依北斗望京华·杜甫集.郑州：河南文艺出版社，2015.

〔43〕 余辉.故宫藏画的故事.北京：故宫出版社，2014.

〔44〕 陈祖美主编，胡可先编著.烟笼寒水月笼沙·杜牧集.郑州：河南文艺出版社，2015.

〔45〕 陈重远.收藏逸话.北京：北京出版社，2015.

〔46〕 陈重远.琉璃厂史话.北京：北京出版社，2015.

〔47〕 黄庭坚.山谷诗注.北京：商务印书馆，1937.

〔48〕 杨仁恺著，汪涤注.国宝沉浮录（简体精读本）.上海：上海人民美术出版社，2008.

〔49〕 [美] 卡尔·梅耶、谢林·布莱尔·布里萨克著，张建新、张紫微译.谁在收藏中国：美国猎获亚洲艺术珍宝百年记.北京：中信出版集团股份有限公司，2016.

〔50〕 杨仁恺.国宝沉浮录（增订本）.沈阳：辽海出版社，1999.

〔51〕 周密撰，张茂鹏点校.齐东野语.北京：中华书局，1983.

〔52〕 [宋] 司马光编撰，沈志华、张宏儒主编.资治通鉴.北京：中华书局，2009.

〔53〕 王瑶.李白.上海：上海人民出版社，1954.

〔54〕 王运熙等.李白研究.北京：作家出版社，1962.

〔55〕 郭正忠.范仲淹.北京：中华书局，1985.

〔56〕 缪钺.杜牧传.北京：人民文学出版社，1977.

〔57〕 缪钺.杜牧年谱.北京：人民文学出版社，1980.

〔58〕 李涵、沈学明.范仲淹.北京：中华书局，1983.

〔59〕 周义敢，周雷.千古奇帝宋徽宗.合肥：黄山书社，1996.

〔60〕 黄宝华.黄庭坚评传.南京：南京师范大学出版社，1998.

〔61〕 俞士玲.陆机陆云年谱.北京：人民文学出版社，2009.

〔62〕 诸葛忆兵.范仲淹研究.北京：中国人民大学出版社，2010.

〔63〕 缪钺.杜牧传·杜牧年谱.石家庄：河北教育出版社，1999.

〔64〕 陈荣照 . 范仲淹研究 . 香港：三联书店香港分店，1987.

〔65〕 范能濬编集，薛正舆校点 . 范仲淹全集 . 南京：凤凰出版社，2004.

〔66〕 郑永晓纂辑 . 黄庭坚全集 . 南昌：江西人民出版社，2011.

〔67〕 朱碧莲、沈海波译注 . 世说新语 . 北京：中华书局，2011.

〔68〕 张大春 . 大唐李白 . 桂林：广西师范大学出版社，2015.

〔69〕 张其凤 . 宋徽宗与文人画 . 北京：荣宝斋出版社，2008.

# | 后记

张伯驹先生是著名的文化学者、词家、戏剧家、书画家和收藏鉴赏家，当下，关于他的人生和收藏故事有多种版本在流传。早在 20 世纪 90 年代初，以张伯驹先生为原型的电视剧《火线对峙》曾风靡一时，这部电视剧让大收藏家张伯驹这个光辉形象第一次走进普罗大众，我也正是通过这部电视剧开始了解张伯驹先生。

20 世纪 90 年代初，我求学北京，后来有幸厕身文博大家史树青先生门下，跟随先生读书、作文。史先生是当代著名学者、文博大家，他与张伯驹先生在 20 世纪 40 年代就认识了，两人一生亦师亦友，过从甚密。伯驹先生是诗词大家，每年春暖花开的时候，他都会呼朋引伴，来到京西大觉寺、旸台山一带踏青，然后以花为题诗词唱和，史先生每以学生辈的身份多次参加雅集。有一次，张伯驹先生忽来雅兴，为史先生书赠嵌名联一副："树木新栽休斧伐；青山长在有柴烧。"

这副对联对仗工整，立意新颖，是嵌名联中不可多得的佳作。史先生生前曾多次向我展示这幅珍贵的墨迹，并不厌其烦地给我讲述他与张伯老相交的往事。每每说到先生不惜典屋鬻钗为国护宝时，他都会提高声调，称赞张伯驹先生是"民族英雄"。

　　受史树青先生的影响，我也开始阅读、走近张伯驹先生，并留意搜集有关先生的书籍和史料。就这样，积少成多，集腋成裘，数年间，手头相关先生的资料渐渐丰富起来，后来决定给张伯驹先生修一部年谱，以向世人展示其丰富多彩而又充满传奇的一生。

　　在撰写《张伯驹年谱长编》的过程中，发现当前一些有关先生的传记类书籍中多有史实性的舛误。这些舛误，有的是以讹传讹，有的则是出自编写者的"合理想象"或者是"艺术夸张"，尤其是对于先生捐献给国家的一批国宝级书画作品的由来，更是版本各异，众说纷纭。为了匡正阙失，还原史实，我准备创作一部有关张伯驹先生与其收藏的著作。恰在此时，央视《百家讲坛》提供了一个宝贵的机会，让我把张伯驹和他收藏的历代国宝的故事讲述给全国的观众。经与总编导李锋老师多次协商，最后决定以张先生捐赠给故宫博物院的珍贵文物为背景进行创作，经过一年多的艰辛筹备，2017 年 5 月，《国宝传奇》终于在央视《百家讲坛》顺利播出。在节目开播的同时，《国宝传奇张伯驹》一书亦由山东人民出版社推出。

　　时光荏苒，转瞬 5 年光阴飞逝而去，由我编著的《张伯驹年谱长编》也由最初的 20 万字增加到现在的 90 多万言，大量的新史料涌现，让我决定对《国宝传奇张伯驹》一书进行修订匡讹，并根据出版社的建议，将书名易为《翰墨传奇：张伯驹与故宫国宝》，委托河南文艺出版社刊行，以飨喜爱传统文化并热爱张伯驹的读者朋友。责编刘晨芳女士为本书的出版策划付出了很多艰辛和努力，在此谨致谢忱！

　　学识所囿，书中错讹之处，还祈方家赐正为盼！

壬寅初秋于京华品一草堂竹窗